Le Livre de Recettes des Comédies Romantiques

Alice Delbarre
& Juliette Turrini

404 éditions

SOMMAIRE

EN GUISE D'INTRODUCTION

C'est bien connu, rien de mieux qu'une soirée devant sa comédie romantique préférée avec un bon petit plat (surtout s'il pleut dehors et que Hugh Grant n'est pas sorti pour vous déclarer sa flamme). Pourquoi donc ne pas combiner amour et cuisine pour passer une soirée des plus réconfortantes ?

Laissez-vous tenter par une bonne part de tarte aux pommes comme Sally dans *Quand Harry rencontre Sally*, régalez-vous des très bonnes frites maison d'Yvonne dans *Les Demoiselles de Rochefort*, fondez pour la glace à la vanille d'Allie dans *N'oublie jamais*, léchez-vous les babines devant le gigot d'agneau de *Titanic* ou rafraîchissez-vous entre deux danses avec un bon diabolo fraise comme Mia dans *La La Land*...

Bref, vous l'aurez compris, les recettes que vous vous apprêtez à découvrir grâce à ce livre vous laisseront un souvenir aussi gourmand et impérissable que les films dont elles sont issues ! Préparez vos petits cœurs de guimauve et sortez vos ustensiles, il est l'heure de déguster !

PETITS DÉJ'

& goûters

PANCAKES
au sirop d'érable

500 JOURS ENSEMBLE (2009)

INGRÉDIENTS :

- 260 g de farine
- 2 c. à café de levure chimique
- 50 g de sucre en poudre
- 2 sachets de sucre vanillé
- 4 œufs
- 30 cl de lait
- Beurre ou huile pour la cuisson
- Sirop d'érable pour servir

MATÉRIEL :

- 1 batteur électrique

POUR 25 PANCAKES

Préparation : 10 MINUTES
Cuisson : 15 MINUTES
Repos : 30 MINUTES

Une discussion sérieuse s'annonce avec votre moitié ? N'hésitez pas à préparer ces délicieux pancakes pour faire passer la pilule. Pas sûr que ça soit la meilleure méthode au vu de la relation entre Tom et Summer...

LA RECETTE

1

Dans un grand bol, mélangez la farine, la levure, le sucre, le sucre vanillé et 1 pincée de sel.

2

Séparez les blancs et les jaunes des œufs. Dans un bol, fouettez les jaunes d'œufs avec le lait. Ajoutez cette mixture aux ingrédients secs en remuant bien, jusqu'à obtenir un mélange épais mais homogène. Laissez reposer 30 min à température ambiante.

3

Battez les blancs en neige ferme et ajoutez-les délicatement à la pâte.

4

Dans une poêle, faites fondre 1 noix de beurre. Lorsque la poêle est bien chaude, versez une petite louche de pâte. Faites cuire 1 min, jusqu'à ce que des bulles se forment à la surface du pancake. Retournez-le et faites cuire 1 min supplémentaire. Répétez l'opération jusqu'à épuisement de la pâte.

5

Servez les pancakes tièdes empilés dans une assiette et nappés de sirop d'érable.

PETIT DÉJEUNER à l'anglaise

LES POUPÉES RUSSES (2005)

INGRÉDIENTS :

- ☐ 1 oignon
- ☐ 2 c. à soupe d'huile d'olive
- ☐ 5 cl de vin rouge (facultatif)
- ☐ 1 boîte de tomates concassées
- ☐ 1 c. à soupe de ketchup
- ☐ 1 bouquet garni
- ☐ 1 c. à café de sauce Worcestershire
- ☐ 2 c. à café d'ail en poudre
- ☐ 1 boîte de haricots blancs au naturel
- ☐ 2 saucisses de Toulouse
- ☐ 8 tranches de bacon
- ☐ 200 g de champignons de Paris
- ☐ Quelques tiges de persil
- ☐ 1 noix de beurre
- ☐ 4 œufs
- ☐ 4 tranches de pain de mie

POUR 4 PERSONNES

Préparation : 15 MINUTES

Cuisson : 1 HEURE

Quand on vit entre plusieurs pays comme Xavier, il est important de prendre le temps de découvrir les plats locaux. Quoi de mieux donc qu'un véritable *English breakfast* préparé par une Anglaise en plein cœur de Londres ?

LA RECETTE

1

Émincez l'oignon. Dans une sauteuse ou une grande casserole, faites-le revenir avec 1 c. à soupe d'huile d'olive pendant environ 2 min. Déglacez éventuellement avec le vin rouge, puis versez les tomates concassées et le ketchup. Ajoutez le bouquet garni, la sauce Worcestershire et l'ail en poudre. Mélangez bien et laissez mijoter environ 15 min à feu moyen.

2

Ajoutez les haricots blancs égouttés et laissez mijoter 10 min supplémentaires à feu doux.

3

Pendant ce temps, faites cuire les saucisses de Toulouse dans une poêle pendant environ 20 min, en les retournant régulièrement, jusqu'à ce qu'elles soient cuites à cœur. Dans la même poêle, faites griller les tranches de bacon et réservez-les au chaud.

4

Découpez les champignons de Paris en lamelles. Effeuillez le persil. Versez 1 c. à soupe d'huile d'olive dans une poêle et faites revenir les champignons environ 10 min, jusqu'à ce qu'ils aient perdu leur eau. Ajoutez la moitié du persil, salez, poivrez et réservez.

5

Faites fondre le beurre dans la poêle et faites-y frire les œufs jusqu'à ce que le blanc soit bien cuit. Salez et poivrez. Faites toaster les tranches de pain de mie.

6

Répartissez les haricots à la tomate et les champignons dans quatre assiettes, puis ajoutez dans chacune une saucisse, deux tranches de bacon et un œuf au plat. Servez avec une tranche de pain de mie grillé.

TARTINES ROQUEFORT-POIRE

du petit dej'

L'ARNACŒUR (2010)

INGRÉDIENTS :

- ☐ 4 tranches de pain de campagne
- ☐ 2 poires
- ☐ 10 g de beurre
- ☐ 2 c. à soupe de miel
- ☐ 75 g de roquefort
- ☐ Quelques cerneaux de noix

POUR 4 TARTINES

Préparation : 10 MINUTES
Cuisson : 10 MINUTES

Pour impressionner sa moitié, chacun ses méthodes... Certains avalent des énormes bouts de roquefort au petit déjeuner sans se brosser les dents après, comme Alex ! Ici, on préfère vous proposer des tartines sucrées-salées à déguster au lit, en regardant *Dirty Dancing* !

LA RECETTE

1

Faites toaster les tranches de pain quelques minutes au grille-pain ou à la poêle.

2

Épluchez les poires, épépinez-les et coupez-les en quartiers. Dans une petite poêle, faites fondre le beurre et placez-y les quartiers de poire. Faites-les revenir environ 3 min de chaque côté à feu moyen, jusqu'à ce qu'elles soient légèrement caramélisées. Ajoutez le miel dans la poêle et prolongez la cuisson de 2 min, en mélangeant pour bien enrober les morceaux de fruits.

3

Répartissez les morceaux de poires sur les tranches de pain. Émiettez le roquefort par-dessus et parsemez-les de quelques cerneaux de noix concassés. Servez immédiatement.

TARTINES ROQUEFORT-POIRE

du petit-déj'

CROISSANTS
au beurre

CROISSANTS
au beurre

DIAMANTS SUR CANAPÉ (1961)

INGRÉDIENTS :

- 20 cl de lait
- 500 g de farine
- 50 g de sucre en poudre
- 20 g de levure fraîche de boulanger
- 220 g de beurre doux à température ambiante
- 1 œuf

MATÉRIEL :

- 1 rouleau à pâtisserie
- 1 pinceau de cuisine

POUR ENVIRON 15 CROISSANTS

Préparation : 45 MINUTES
Cuisson : 15 MINUTES
Réfrigération : 1 HEURE 05
Repos : 2 HEURES

Le petit déjeuner, c'est tout un rituel. Pour Holly, un café et un croissant n'ont pas la même saveur s'ils ne sont pas dégustés devant la vitrine de *Tiffany's*, à New York. À vous de trouver votre endroit spécial pour un petit déjeuner de qualité !

LA RECETTE

1

Faites tiédir le lait dans une casserole. Dans un saladier, versez la farine et formez un puits. Ajoutez le sucre et la levure émiettée, ainsi que 1 c. à café de sel, en faisant attention à ce qu'il ne rentre pas en contact avec la levure. Versez le lait petit à petit en mélangeant à la main, jusqu'à obtenir une pâte homogène. Formez une boule et laissez lever pendant 1 h dans un endroit tiède.

2

Dégazez la pâte et placez-la au réfrigérateur pendant 20 min.

3

Sur un plan de travail légèrement fariné, étalez la pâte en un grand rectangle. Coupez le beurre en fines lamelles et étalez-les sur toute la surface du rectangle, en laissant une marge sur les bords.

Rabattez les quatre coins de la pâte vers le centre, pour la refermer sur le beurre et soudez bien le pliage pour que le beurre n'en sorte pas. Étalez-la au rouleau en un long rectangle. Repliez les deux côtés du rectangle vers le centre puis pliez ce nouveau rectangle en deux. Renouvelez l'opération puis placez la pâte au frais 30 min.

4

Sortez la pâte et étalez-la de nouveau en un long rectangle. Repliez-le de nouveau sur lui-même, étalez de nouveau légèrement et replacez au frais pour 15 min.

5

Étalez une ultime fois la pâte sur le plan de travail. Découpez-y environ 15 triangles. Enroulez-les chacun sur eux-mêmes en commençant par la base du triangle et en terminant par la pointe. Placez les croissants sur la plaque du four recouverte de papier sulfurisé, et laissez lever pendant 1 h dans un endroit tiède.

6

Préchauffez le four à 200 °C.
Badigeonnez les croissants de l'œuf battu avec 1 c. à soupe d'eau. Enfournez pour 15 min de cuisson en surveillant pour ne pas qu'ils brûlent.
Servez tiède.

CINNAMON ROLLS

LA PROPOSITION (2009)

INGRÉDIENTS :

- 22 cl de lait
- 80 g de sucre en poudre
- 1 sachet de levure sèche de boulanger
- 600 g de farine
- 2 œufs
- 210 g de beurre doux
- 200 g de sucre cassonade
- 4 c. à café de cannelle en poudre
- 200 g de sucre glace
- 120 g de fromage frais (type Philadelphia®)
- 1 c. à café d'extrait de vanille

MATÉRIEL :

- 1 moule à bords hauts, type moule à manqué
- 1 batteur électrique

POUR ENVIRON 12 CINNAMON ROLLS

Préparation : 20 MINUTES
Cuisson : 15 MINUTES
Repos : 2 HEURES

Pour pouvoir renouveler son visa américain et garder son poste dans la maison d'édition où elle travaille, Margaret est prête à soudoyer son assistant en lui demandant de l'épouser afin de ne pas être renvoyée au Canada... Comme monnaie d'échange ? Un superbe job de rédacteur... et de délicieux cinnamon roll au petit déjeuner !

LA RECETTE

1

Faites tiédir le lait dans une petite casserole. Hors du feu, ajoutez le sucre et la levure. Mélangez jusqu'à ce qu'ils soient totalement dissous.

2

Dans un saladier, versez la farine et faites-y un puits. Cassez les œufs, puis ajoutez le mélange précédent. Mélangez bien.

3

Faites fondre 80 g de beurre dans une petite casserole et ajoutez-le à la pâte. Mélangez à la main jusqu'à obtenir une boule de pâte homogène. Couvrez le saladier d'un torchon propre et laissez lever 1 h dans un endroit tiède.

4

Dans un bol, mélangez le sucre cassonade et la cannelle en poudre. Étalez finement la pâte sur un plan de travail fariné, et étalez dessus 80 g de beurre à température ambiante. Répartissez ensuite le mélange sucre-cannelle. Roulez la pâte en un boudin assez serré, puis coupez-le en tranches de 5 cm d'épaisseur environ.

5

Placez les tranches les unes à côté des autres, à plat, dans le moule. Laissez de nouveau lever 1 h dans un endroit tiède.

6

Préchauffez le four à 200 °C. Enfournez les cinnamon rolls pour 20 min de cuisson. Pendant ce temps, préparez le glaçage. Battez le sucre glace avec le fromage frais, 50 g de beurre à température ambiante et l'extrait de vanille, jusqu'à obtenir un mélange crémeux et homogène. Servez les cinnamon rolls tièdes, nappés du glaçage.

CINNAMON rolls

BISCUITS NAPPÉS
au chocolat

BISCUITS NAPPÉS

au chocolat

LOVE ACTUALLY (2003)

INGRÉDIENTS :

- ☐ 120 g de farine
- ☐ 80 g de farine complète
- ☐ 40 g de sucre cassonade
- ☐ 1 c. à café de levure chimique
- ☐ 80 g de beurre doux à température ambiante
- ☐ 1 sachet de sucre vanillé
- ☐ 5 cl de lait entier
- ☐ 120 g de chocolat noir pâtissier

MATÉRIEL :

- ☐ 1 rouleau à pâtisserie

POUR ENVIRON 20 BISCUITS

Préparation : 20 MINUTES
Cuisson : 15 MINUTES
Réfrigération : 1 HEURE 30

Qu'il est dur d'être le Premier Ministre du Royaume-Uni. Heureusement, on peut toujours compter sur des petits biscuits nappés au chocolat qui permettent de tenir le coup. De quoi faire une petite danse dans Downing Street !

LA RECETTE

1

Dans un saladier, mélangez les farines, les sucres, la levure et ½ c. à café de sel. Ajoutez le beurre et incorporez-le en mélangeant du bout des doigts. Ajoutez le lait et pétrissez jusqu'à obtenir une boule de pâte homogène. Filmez-la et placez-la au frais pour 1 h.

2

Préchauffez votre four à 180 °C. Sur un plan de travail légèrement fariné, étalez la pâte sur 4 mm d'épaisseur. Découpez 20 disques à l'aide d'un emporte-pièce ou d'un verre. Placez-les sur la plaque du four recouverte de papier sulfurisé. Enfournez pour 15 min de cuisson.

Yummy

3

Faites fondre le chocolat au bain-marie avec 1 c. à café d'eau. Plongez une face de chaque biscuit dans le chocolat fondu. Placez les biscuits nappés au frais pour 30 min, le temps que le chocolat durcisse. Il ne reste plus qu'à déguster !

CRUMPETS

fleur

30 ANS SINON RIEN
(2004)

INGRÉDIENTS :

- ☐ 20 cl de lait
- ☐ 10 cl d'eau
- ☐ 220 g de farine
- ☐ 1 sachet de levure sèche de boulanger
- ☐ 1 c. à soupe de sucre
- ☐ ½ c. à café de bicarbonate alimentaire
- ☐ Huile de tournesol
- ☐ 200 g de myrtilles
- ☐ 200 g de fraises

MATÉRIEL :

- ☐ 3 anneaux de cuisson en métal ou en silicone

POUR ENVIRON 8 CRUMPETS

Préparation : 10 MINUTES
Cuisson : 5 MINUTES
Repos : 1 HEURE

Trente ans, sexy et épanouie, c'est le mantra auquel Jenna aspire. Mais qu'il est bon parfois de revenir en enfance avec le petit déjeuner qui est capable de guérir tous les maux !

LA RECETTE

1

Faites tiédir l'eau et le lait dans une petite casserole.

2

Dans un saladier, mélangez la farine, la levure et le sucre, formez un puits et versez l'eau et le lait chauds. Mélangez énergiquement jusqu'à obtenir une pâte homogène. Couvrir le saladier d'un torchon propre et laissez lever la pâte pendant 1 h dans un endroit tiède.

3

Fouettez la pâte et ajoutez le bicarbonate et ½ c. à café de sel. Mélangez et laissez de nouveau lever pendant 30 min.

4

Huilez les anneaux de cuisson, ainsi que le fond d'une poêle. Faites chauffer à feu doux la poêle avec les anneaux posés dessus et remplissez à moitié ces derniers de pâte. Au bout de 10 min de cuisson, retournez les anneaux et poursuivez la cuisson de 3 min.

5

Coupez les fraises en tranches. Posez un crumpet dans une assiette et disposez des myrtilles dessus afin de former deux yeux et un sourire. Disposez autour les tranches de fraises pointes vers l'extérieur afin de former les pétales de la fleur. Servez immédiatement.

CRUMPETS FLEUR

PLATS

SPAGHETTI

à la sauce tomate et au basilic

MANGE, PRIE, AIME (2010)

INGRÉDIENTS :

- 1 gousse d'ail
- 300 g de petites tomates
- Une quinzaine de feuilles de basilic frais
- 1 c. à soupe d'huile d'olive + 2 filets
- 25 cl de coulis de tomates
- 1 pincée de sucre en poudre
- 130 g de spaghetti
- Parmesan râpé pour servir

ASTUCE :
Si ce n'est pas la saison des tomates, vous pouvez les remplacer par une boîte de 250 g de tomates pelées au jus. Vous pouvez aussi utiliser du basilic congelé que vous trouverez dans les magasins spécialisés en produits surgelés.

POUR 2 PERSONNES

Préparation : 15 MINUTES
Cuisson : 45 MINUTES

On a tous rêvé à un moment de tout lâcher pour partir vivre en Italie et manger des pâtes toute la journée. On vous promet peut-être pas l'Italie, mais vous pouvez déjà vous concentrer sur ces délicieuses spaghetti à la sauce tomate et au basilic !

LA RECETTE

1

Hachez très finement l'ail à l'aide d'un presse-ail ou d'un couteau. Coupez les tomates en morceaux. Hachez la moitié du basilic.

2

Dans une poêle creuse, type faitout ou wok, versez l'huile d'olive et faites-la chauffer 2 min à feu moyen. Ajoutez l'ail haché et faites revenir quelques instants sans cesser de remuer, en faisant attention à ce qu'il ne brûle pas. Ajoutez les tomates ainsi que le coulis de tomates, le basilic haché, la pincée de sucre, du sel et du poivre. Mélangez bien et laissez mijoter à couvert pendant environ 20 min.

3

Retirez le couvercle et laissez de nouveau mijoter pendant 10 min. Pendant ce temps, faites cuire les spaghetti dans un grand volume d'eau salée, en respectant le temps de cuisson *al dente* indiqué sur le paquet. Prélevez 3 c. à soupe d'eau de cuisson juste avant d'égoutter les pâtes.

4

À la fin de la cuisson de la sauce, versez l'eau de cuisson dans la poêle ainsi que les pâtes, et faites revenir 2 min à feu vif. Servez les spaghetti à la sauce tomate bien chaudes dans deux assiettes, parsemées des feuilles de basilic restantes ainsi que de parmesan râpé, et arrosez d'un filet d'huile d'olive.

SPAGHETTI

à la sauce tomate et au basilic

POULET CHURRASCO

POULET
churrasco

MES MEILLEURES AMIES (2011)

INGRÉDIENTS :

- ☐ 1 oignon rouge
- ☐ 12 cl d'huile d'olive
- ☐ 2 c. à soupe de paprika en poudre
- ☐ 3 c. à café de sauce piri-piri (en magasin exotique)
- ☐ 1 verre de vin blanc sec
- ☐ 15 cl de bouillon de poulet
- ☐ 120 g de beurre doux
- ☐ 2 gousses d'ail
- ☐ 4 cuisses de poulet
- ☐ 4 hauts de cuisses de poulet
- ☐ 1 citron
- ☐ 3 c. à soupe de gros sel

POUR 4 PERSONNES

Préparation : 10 MINUTES
Préparation : 1 HEURE 15
Réfrigération : 12 HEURES

Manger épicé, on dit oui ! Manger épicé avant une séance d'essayage de robe de mariée, on éviterait si on était vous. Des fois, ça peut vraiment mal se terminer...

LA RECETTE

1

La veille, émincez finement l'oignon rouge et hachez l'ail. Dans une casserole à feu doux, faites revenir l'oignon 5 min avec la moitié de l'huile d'olive. Ajoutez le paprika, la sauce piri-piri, salez, poivrez et laissez cuire 2 min supplémentaires en remuant sans cesse.

2

Versez le vin, le bouillon, le reste de l'huile et le beurre dans la casserole. Laissez mijoter 20 min à feu moyen, jusqu'à ce que la sauce épaississe légèrement. Ajoutez l'ail, laissez cuire 3 min supplémentaires et réservez.

3

Massez les morceaux de poulet avec le gros sel, puis frottez-les avec le citron coupé en deux pendant quelques minutes, afin de dissoudre un petit peu le sel. Placez la viande dans un saladier et recouvrez-la des $2/3$ de la marinade. Filmez et réservez au réfrigérateur toute la nuit. Réfrigérez également le reste de la marinade.

4

Le jour-même, préchauffez le four à 200 °C en mode gril. Égouttez les morceaux de poulet et placez-les sur la plaque du four recouverte de papier sulfurisé. Badigeonnez le poulet de marinade et enfournez pour 45 min de cuisson. Toutes les 10 min, retournez les morceaux et badigeonnez-les de nouveau de marinade.

5

Avant de servir, faites réchauffer la marinade réservée dans une petite casserole. Servez-la pour accompagner les morceaux de poulet.

ÉPIS DE MAÏS

rôtis

SEXE ENTRE AMIS (2011)

INGRÉDIENTS :

- ☐ 2 épis de maïs
- ☐ 50 g de beurre demi-sel à température ambiante
- ☐ 2 pincées de piment d'Espelette
- ☐ 1 branche de persil
- ☐ ½ gousse d'ail
- ☐ 4 c. à soupe de yaourt grec
- ☐ ½ c. à café de moutarde de Dijon
- ☐ Quelques tiges de ciboulette
- ☐ ½ citron

POUR 2 PERSONNES

Préparation : 10 MINUTES
Cuisson : 35 MINUTES

Entre deux parties de jambes en l'air, Jamie et Dylan adorent partager (en toute amitié bien sûr) des épis de maïs rôtis au *diner* du coin. Il faut dire que l'exercice physique, ça creuse !

LA RECETTE

1

Préchauffez le four à 200 °C. Émincez le persil et mélangez-le avec le beurre à température ambiante, le piment d'Espelette et la gousse d'ail hachée.

2

Badigeonnez généreusement les épis de maïs de cette préparation, puis posez-les sur la plaque du four recouverte de papier sulfurisé. Enfournez pour 35 min de cuisson, en retournant les épis à mi-cuisson.

3

Pendant ce temps, mélangez le yaourt avec la moutarde, 2 c. à soupe de jus de citron, la ciboulette cisaillée, du sel et du poivre. Servez les épis encore chauds accompagnés de cette sauce.

SOUPE COURGETTE

Vache qui rit®

ENSEMBLE, C'EST TOUT
(2007)

INGRÉDIENTS :

- ☐ 1 oignon jaune
- ☐ 1 gousse d'ail
- ☐ 120 g de pommes de terre
- ☐ 400 g de courgettes
- ☐ 25 g de beurre doux
- ☐ 25 cl de bouillon de légumes
- ☐ 6 portions de Vache qui rit®
- ☐ 10 cl de crème liquide entière

MATÉRIEL :

- ☐ 1 mixeur

POUR 4 PERSONNES

Préparation : 15 MINUTES
Cuisson : 25 MINUTES

Lorsque Philibert trouve Camille transie de froid dans sa petite chambre de bonne, il sort les grands moyens : pyjama en pilou, grosse couette, friction au gant de toilette chaud et surtout, délicieuse soupe à la courgette et à la Vache qui rit®, son meilleur remède !

LA RECETTE

1

Émincez finement l'oignon, hachez l'ail et coupez les pommes de terre épluchées en cubes. Coupez les courgettes en petits cubes.

2

Dans une cocotte, faites revenir les oignons et l'ail dans le beurre à feu moyen pendant 2 min. Ajoutez les pommes de terre, les courgettes et laissez cuire 3 min en remuant.

3

Versez le bouillon de légumes, la moitié de la Vache qui rit®, salez, poivrez puis laissez mijoter 20 min à feu doux à couvert.

4

Ajoutez le reste de Vache qui rit® et la crème liquide, puis mixez la soupe jusqu'à obtenir une texture veloutée. Servez immédiatement.

SOUPE BLEUE

LE JOURNAL DE BRIDGET JONES (2001)

INGRÉDIENTS :

- ☐ 1 oignon jaune
- ☐ 1 gousse d'ail
- ☐ 300 g de pommes de terre
- ☐ 3 poireaux
- ☐ 200 g de champignons de Paris
- ☐ 25 g de beurre doux
- ☐ 1 bouquet garni
- ☐ 25 cl de bouillon de légumes
- ☐ 4 gouttes de colorant alimentaire bleu
- ☐ 20 cl de crème liquide entière
- ☐ Croûtons

MATÉRIEL :

- ☐ 1 cocotte
- ☐ 1 mixeur

POUR 4 PERSONNES

Préparation : 15 MINUTES

Cuisson : 30 MINUTES

Quand on a pas de ficelle de cuisine chez soi comme Bridget, ça paraît tout à fait logique de prendre la première qui nous tombe sous la main. Après elle est bleue, oui bon, mais l'important c'est d'avoir de la ficelle, non ?

LA RECETTE

1

Émincez finement l'oignon, hachez l'ail et coupez les pommes de terre épluchées en cubes. Coupez les poireaux en petits tronçons et les champignons en tranches fines.

2

Dans une cocotte, faites revenir les oignons et l'ail dans le beurre à feu moyen pendant 2 min. Ajoutez les pommes de terre, les poireaux et le bouquet garni et laissez cuire 3 min en remuant.

Yummy

3

Ajoutez les champignons 5 min avant la fin de la cuisson. Versez le bouillon de légumes, salez, poivrez puis couvrez la cocotte. Laissez mijoter 25 min à feu doux.

4

Ajoutez le colorant alimentaire bleu et la crème liquide, puis mixez la soupe jusqu'à obtenir une texture veloutée. Servez avec quelques croûtons.

SOUPE BLEUE

CURRY THAÏLANDAIS

CURRY
thaïlandais

BRIDGET JONES 2,
L'ÂGE DE RAISON (2004)

INGRÉDIENTS :

- ☐ 1 oignon jaune
- ☐ 2 gousses d'ail
- ☐ 1 cm de gingembre frais
- ☐ 3 blancs de poulet
- ☐ 1 poivron rouge
- ☐ 1 c. à soupe d'huile de coco
- ☐ 2 c. à soupe de pâte de curry
- ☐ ½ c. à café de coriandre en poudre
- ☐ ½ c. à café de cumin en poudre
- ☐ ½ c. à café de curcuma en poudre
- ☐ 40 cl de crème de coco
- ☐ 200 g de riz basmati
- ☐ 1 citron vert
- ☐ Coriandre

MATÉRIEL :

- ☐ 1 presse-ail
- ☐ 1 cocotte
- ☐ 1 petite râpe

POUR 4 PERSONNES

Préparation : 20 MINUTES
Cuisson : 45 MINUTES

L'avantage d'être journaliste, comme Bridget, c'est de pouvoir voyager, découvrir de nouvelles cultures et de nouvelles sensations culinaires, comme ce curry thaïlandais !

LA RECETTE

1

Émincez l'oignon et pressez les gousses d'ail. Pelez le gingembre et râpez-le. Coupez les blancs de poulet en morceaux et le poivron épépiné en lanières.

2

Faites chauffer l'huile de coco dans une cocotte, et faites-y revenir l'oignon et l'ail pendant environ 3 min, sans cesser de remuer. Ajoutez les épices en poudre et prolongez la cuisson de 2 min.

3

Ajoutez le poivron et le poulet ainsi que la pâte de curry. Laissez cuire 5 min, en remuant de temps en temps. Versez la crème de coco et ajoutez le gingembre râpé. Salez, poivrez et laissez mijoter environ 25 min à couvert.

4

Pendant ce temps, faites cuire le riz basmati dans un grand volume d'eau bouillante salée, le temps indiqué sur le paquet. Égouttez-le et réservez au chaud.

5

Quand le curry est prêt, arrosez-le du jus d'½ citron vert et parsemez-le de coriandre. Servez bien chaud, accompagné du riz.

FETTUCCINE
Alfredo

THE HOLIDAY (2006)

INGRÉDIENTS :

- ☐ 400 g de fettuccine
- ☐ 20 cl de crème liquide entière
- ☐ 100 g de parmesan râpé
- ☐ 1 filet de jus de citron
- ☐ Copeaux de parmesan
- ☐ Persil

POUR 4 PERSONNES

Préparation : 5 MINUTES
Cuisson : 20 MINUTES

Une peine de cœur ? Faites comme Iris et préparez-vous un bon plat de fettuccine Alfredo. On nous dit dans l'oreillette que ces pâtes sont capables de guérir tous les maux.

LA RECETTE

1

Faites bouillir un grand volume d'eau salée dans une grande casserole. Faites-y cuire les fettuccine le temps indiqué sur le paquet. Prélevez 3 c. à soupe d'eau de cuisson des pâtes, puis égouttez-les.

2

Dans la même casserole, versez la crème et ajoutez le parmesan râpé. Salez, poivrez et mélangez bien jusqu'à ce que le fromage soit totalement fondu dans la crème. Ajoutez les c. à soupe d'eau de cuisson et laissez cuire à feu doux pendant 5 min.

3

Ajoutez les pâtes et le filet de jus de citron. Mélangez bien pour enrober les fettuccine. Servez-les bien chaudes dans quatre assiettes, parsemées de copeaux de parmesan et de persil haché.

FETTUCCINE Alfredo

ESCARGOTS
à la bourguignonne

ESCARGOTS

à la bourguignonne

PRETTY WOMAN (1990)

INGRÉDIENTS :

- *1 kg d'escargots de Bourgogne*
- *1 oignon jaune*
- *1 branche de céleri*
- *1 carotte*
- *1 bouquet garni*
- *30 cl de bouillon de volaille*
- *1 bouteille de vin blanc sec*
- *3 échalotes*
- *3 gousses d'ail*
- *300 g de beurre à température ambiante*
- *1 petit bouquet de persil*

POUR 4 PERSONNES

Préparation : 30 MINUTES
Repos : 10 MINUTES
Cuisson : 3 HEURES

Quand il s'agit de gérer un gros contrat ou n'importe quelle négociation, n'hésitez pas à vous lancer dans cette recette d'escargots pour épater votre auditoire. Mais attention, comme dirait Vivian, ça dérape, ces saletés !

LA RECETTE

love

1

Faites tremper les escargots dans un grand saladier d'eau froide salée et vinaigrée (environ 3 l d'eau, 10 cl de vinaigre blanc et 3 c. à soupe de gros sel) pendant 10 min, puis frottez-les bien. Comme pour les fruits de mer, retirez et jetez ceux restés à l'intérieur de leurs coquilles, pour enlever ceux qui n'étaient pas frais.

2

Faites bouillir un grand volume d'eau salée et vinaigrée, et plongez-y les escargots 5 min. Égouttez-les et séparez la chair de la coquille en la sortant à l'aide d'une petite fourchette. Retirez le tortillon présent sur les escargots. Réservez les coquilles.

3

Coupez l'oignon et la carotte en quatre morceaux, et la branche de céleri en trois. Placez-les dans une casserole avec les escargots et le bouquet garni, puis versez le bouillon et le vin blanc. Salez, poivrez et faites chauffer à feu doux. À ébullition, laissez cuire 2 h 30 à couvert. Laissez refroidir les escargots dans le bouillon.

4

Hachez très finement les échalotes et hachez les gousses d'ail. Écrasez le beurre jusqu'à ce qu'il prenne la consistance d'une pommade et ajoutez les échalotes et l'ail. Effeuillez le persil, hachez-le et ajoutez au beurre. Salez, poivrez et mélangez bien.

5

Préchauffez le four à 240 °C. Déposez un petit peu de beurre persillé au fond de chaque coquille, puis ajoutez un escargot et de nouveau un petit peu de beurre. Répartissez des pois secs ou des poids de cuisson au fond de la lèchefrite du four. Répartissez les escargots dessus, ouverture beurrée vers le haut. Enfournez pour 8 min de cuisson. Après ça, il n'y a plus qu'à dégustez !

POTAGE AU MAÏS

POTAGE

au maïs

LE DIABLE S'HABILLE EN PRADA (2006)

INGRÉDIENTS :

- ☐ 2 carottes
- ☐ 1 pomme de terre
- ☐ 1 oignon jaune
- ☐ 20 g de beurre doux
- ☐ 400 g de maïs en boîte
- ☐ 35 cl de lait
- ☐ 1 cube de bouillon de légumes
- ☐ 20 cl de crème liquide entière
- ☐ 2 branches de persil

MATÉRIEL :

- ☐ 1 cocotte
- ☐ 1 mixeur

POUR 4 PERSONNES

Préparation :
15 MINUTES

Cuisson :
32 MINUTES

Si Nigel ne veut pas s'approcher du potage de maïs, de peur de prendre des kilos rien qu'en le regardant, nous on préfère laisser les diktats de la mode de côté et se régaler !

LA RECETTE

1

Pelez les carottes et la pomme de terre et coupez-les en rondelles. Émincez l'oignon.

2

Faites chauffer le beurre dans une cocotte et ajoutez l'oignon. Faites-le revenir 2 min à feu moyen, puis ajoutez les carottes, la pomme de terre et le maïs. Salez, poivrez et laissez cuire 5 min en remuant régulièrement.

3

Faites bouillir 30 cl d'eau et ajoutez-les dans la cocotte ainsi que le lait et le cube de bouillon. Couvrez et laissez mijoter 25 min.

4

Versez la crème et mixez le contenu de la cocotte jusqu'à obtenir une texture veloutée. Servez le potage parsemé du persil ciselé.

ROSBEEF

et petits légumes

MR. ET MRS. SMITH (2005)

INGRÉDIENTS :

- ☐ 1 rosbeef d'environ 1 kg
- ☐ 5 gousses d'ail
- ☐ 70 g de beurre doux à température ambiante
- ☐ 1 bouquet garni
- ☐ 2 c. à soupe d'huile d'olive
- ☐ 400 g de carottes
- ☐ ½ c. à café de sucre en poudre
- ☐ 200 g de haricots verts
- ☐ 200 g de petits pois surgelés
- ☐ 10 cl de vin blanc sec
- ☐ Herbes de Provence

MATÉRIEL :

- ☐ 1 plat allant au four
- ☐ 1 sauteuse

POUR 6 PERSONNES

Préparation : 15 MINUTES

Cuisson : 1 HEURE 15

Pour régler ses problèmes de couple, Mrs. Smith a trouvé la recette idéale : une vodka martini bien frappée servie à son mari au retour du travail, suivie d'un tendre morceau de viande bien saignant, pour un dîner… tranchant !

LA RECETTE

1

Préchauffez le four à 210°C. Coupez ½ gousse d'ail en petites lamelles. Piquez le rosbeef et glissez les lamelles dans les entailles. Badigeonnez la surface de la viande de 50 g de beurre. Salez, poivrez et placez le rosbeef dans un plat allant au four. Ajoutez 15 cl d'eau, les gousses d'ail restantes et le bouquet garni. Enfournez pour 30 min de cuisson, en arrosant la viande de son jus toutes les 10 min environ.

2

Pendant ce temps, faites chauffer 20 g de beurre ainsi que l'huile d'olive dans une sauteuse. Épluchez les carottes et coupez-les en rondelles. Ajoutez-les dans la sauteuse avec le sucre en poudre, salez, poivrez et faites-les revenir à feu vif pendant 5 min. Versez le vin blanc, puis baissez le feu et prolongez la cuisson de 20 min, en remuant de temps en temps.

3

Faites bouillir de l'eau dans une grande casserole et plongez-y les haricots verts et les petits pois. Laissez cuire à feu moyen pendant 15 min. Égouttez les légumes et ajoutez-les dans la sauteuse ainsi que les herbes de Provence. Faites revenir à feu vif pendant 5 min.

4

Une fois la viande cuite, sortez le plat du four et couvrez-le d'une feuille de papier d'aluminium. Attendez 5 min avant de la découper, et de la servir accompagnée des petits légumes sautés.

ROSBEEF
et petits légumes

HOT-DOGS
sauce chili

HOT-DOGS

sauce chili

27 ROBES (2008)

INGRÉDIENTS :

- ☐ 1 oignon jaune
- ☐ 1 gousse d'ail
- ☐ 1 poivron vert
- ☐ 1 c. à soupe d'huile d'olive
- ☐ 2 c. à soupe de concentré de tomates
- ☐ 1 pincée de flocons de piment
- ☐ ½ c. à café de paprika en poudre
- ☐ ½ c. à café de cumin en poudre
- ☐ 20 cl de coulis de tomates
- ☐ 2 c. à soupe de vinaigre de cidre
- ☐ 1 c. à soupe de sucre en poudre
- ☐ 4 saucisses de Francfort
- ☐ 8 tranches de cheddar
- ☐ 4 pains à hot-dogs
- ☐ Oignons frits (facultatif)

POUR 4 HOT-DOGS

Préparation : 15 MINUTES

Cuisson : 45 MINUTES

Quand vous vous retrouvez dans un traquenard de type « Assister à un match de baseball avec votre sœur et votre crush », de bons hot-dogs sauce chili peuvent vous sauver la mise, ou du moins vous réconforter pendant que les deux susnommés se draguent ouvertement devant vous…

LA RECETTE

1

Émincez finement l'oignon et écrasez l'ail. Épépinez le poivron et coupez-le en petits dés. Dans une grande casserole, versez l'huile d'olive et faites revenir l'oignon à feu moyen pendant 3 min.

2

Ajoutez l'ail, le concentré de tomates, le poivron et les épices et faites revenir de nouveau 3 min. Versez le vinaigre de cidre, le coulis de tomates et ajoutez le sucre en poudre. Salez, poivrez et laissez mijoter à feu doux pendant environ 30 min à couvert (rajoutez un fond d'eau si besoin).

3

Faites chauffer de l'eau dans une casserole. Lorsqu'elle frémit, plongez-y les saucisses et laissez-les cuire le temps indiqué sur le paquet. Pendant ce temps, ouvrez les pains à hot-dogs en deux et placez 2 tranches de cheddar dans chaque pain. Enfournez sous le gril pour quelques minutes, le temps que le fromage fonde.

4

Déposez une saucisse dans chaque pain, puis nappez chaque hot-dog de sauce au chili encore chaude. Parsemez éventuellement d'oignons frits avant de servir.

CÉLERI

à la carbonara

PRÊTE-MOI TA MAIN
(2006)

INGRÉDIENTS :

- ☐ 200 g de lardons fumés
- ☐ 25 g de beurre doux
- ☐ 600 g de céleri-rave
- ☐ 1 œuf + 6 jaunes
- ☐ 100 g de pecorino râpé
- ☐ 5 cl de bouillon de légumes ou d'eau chaude

POUR 4 PERSONNES

Préparation : 20 MINUTES
Cuisson : 15 MINUTES

Le céleri peut servir à bien des choses, en témoignent les après-midis de Luis et Emma, mais en recette à la carbonara, c'est bien aussi, et surtout, ça fait moins mal !

LA RECETTE

1

Épluchez le céleri-rave, puis coupez-le en bâtonnets très fins, en forme de spaghetti courtes.

2

Dans une poêle bien chaude, faites revenir les lardons 5 min, jusqu'à ce qu'ils soient bien dorés. Égouttez-les sur du papier absorbant. Dans la même poêle, faites chauffer le beurre. Lorsqu'il crépite, ajoutez le céleri, salez, poivrez et laissez cuire environ 10 min, en rajoutant un fond d'eau à mi-cuisson.

3

Pendant ce temps, battez l'œuf entier avec 2 jaunes d'œufs et 70 g de pecorino. Poivrez généreusement, puis délayez le mélange avec le bouillon de légumes ou l'eau. Ajoutez les lardons grillés.

Yummy

4

Coupez le feu sous la poêle et versez la sauce dans les légumes. Mélangez pour qu'elle enrobe bien le céleri. Répartissez le céleri dans quatre assiettes et déposez un jaune d'œuf au centre de chacune. Poivrez de nouveau et servez avec le pecorino râpé restant.

GRATIN

dauphinois

L'AUBERGE ESPAGNOLE (2002)

INGRÉDIENTS :

- ☐ 1,5 kg de pommes de terre
- ☐ 3 gousses d'ail
- ☐ 1 l de lait
- ☐ ½ c. à café de muscade en poudre
- ☐ 80 g de beurre doux
- ☐ 30 cl de crème liquide entière

MATÉRIEL :

- ☐ 1 plat à gratin

POUR 6 PERSONNES

Préparation : 15 MINUTES

Cuisson : 1 HEURE

Quand on est étudiant,
et en Erasmus qui plus est,
il faut cuisiner des plats qui
sauront plaire à tout le monde,
comme Xavier et Wendy avec
un bon gratin dauphinois !

LOVE

LA RECETTE

1

Épluchez les pommes de terre,
puis coupez-les en rondelles très fines.
Hachez finement l'ail.

2

Dans une casserole, portez à ébullition
le lait avec la muscade, l'ail haché, du sel
et du poivre. Plongez-y les rondelles
de pomme de terre et laissez cuire
environ 12 min.

3

Préchauffez le four à 180 °C.
Beurrez généreusement un plat à gratin
et placez-y les pommes de terre égouttées.
Recouvrez-les de crème, salez, poivrez,
puis parsemez la surface du gratin de 70 g
de beurre coupé en petits morceaux.
Enfournez pour 1 h de cuisson.
Servez bien chaud.

love

FRITES, KETCHUP

et mayonnaise maison

LES DEMOISELLES DE ROCHEFORT (1967)

INGRÉDIENTS :

- ☐ 1 jaune d'œuf
- ☐ 1 c. à café de moutarde
- ☐ 1 c. à café de vinaigre de cidre
- ☐ 1,5 l d'huile de tournesol
- ☐ 1 pincée de piment d'Espelette (facultatif)
- ☐ 1 oignon jaune
- ☐ 2 gousses d'ail
- ☐ 2 c. à soupe d'huile d'olive
- ☐ 20 cl de coulis de tomates
- ☐ 200 g de pulpe de tomates
- ☐ 2 c. à soupe de concentré de tomates
- ☐ 30 g de sucre en poudre
- ☐ 2 c. à soupe de vinaigre de cidre
- ☐ 1 kg de pommes de terre

MATÉRIEL :

- ☐ 1 cul de poule
- ☐ 1 batteur électrique

POUR 4 PERSONNES

Préparation : 30 MINUTES

Cuisson : 1 HEURE 54

Pour Solange et Delphine, il est important de rappeler qu'elles ont toutes les deux été élevées par maman, et que celle-ci vendit toute sa vie des frites. Et elles ont raison de le dire, car les frites de chez Yvonne sont les meilleures de tout Rochefort et qu'il serait dommage de manquer ça !

LA RECETTE

1

Préparez la mayonnaise. Dans un cul de poule ou un bol, mélangez le jaune d'œuf, la moutarde et le vinaigre avec un batteur électrique. Salez, poivrez, puis versez 10 cl d'huile de tournesol en très fin filet, sans cesser de fouetter, jusqu'à ce que la mayonnaise soit bien montée. Ajoutez éventuellement le piment et mélangez. Filmez au contact et réservez au frais.

2

Préparez le ketchup. Émincez l'oignon et hachez l'ail. Faites chauffer l'huile d'olive dans une casserole et faites-y revenir l'oignon et l'ail 5 min à feu moyen, en ajoutant le concentré de tomates au bout de 2 min. Versez le coulis de tomates et la pulpe, salez, poivrez et laissez cuire 35 min à feu moyen. Mixez la préparation en coulis et remettez-la dans la casserole. Ajoutez le sucre en poudre et le vinaigre de cidre. Laissez cuire 1 h à feu moyen, jusqu'à obtenir une consistance épaisse.

3

Épluchez les pommes de terre et coupez-les en forme de frites. Rincez-les à l'eau claire puis épongez-les soigneusement. Dans une friteuse, faites chauffer l'huile à 150 °C. Plongez les frites dans le bain d'huile pendant environ 8 min. Sortez-les, puis augmentez la température à 200 °C. Laissez-les cuire environ 4 min jusqu'à ce qu'elles soient bien dorées et croustillantes. Salez et servez-les bien chaudes avec les sauces maison.

FRITES, KETCHUP et mayonnaise maison

SALADE PASTÈQUE,
feta et concombre

SALADE PASTÈQUE,

feta et concombre

DIRTY DANCING (1987)

INGRÉDIENTS :

- ☐ ½ pastèque
- ☐ 1 concombre
- ☐ 1 oignon frais
- ☐ 6 branches de menthe
- ☐ 200 g de feta
- ☐ 3 c. à soupe d'huile d'olive
- ☐ 1 citron

POUR 4 PERSONNES

Préparation : 15 MINUTES

Réfrigération : 1 HEURE

Quand c'est l'été, qu'il fait chaud, quoi de mieux qu'une salade sucrée-salée des plus rafraîchissante ? Et que l'on rassure Bébé enfin, non c'est pas un crime de porter une pastèque !

LA RECETTE

1

Videz la demi-pastèque et coupez la chair en cubes. Épluchez le concombre, retirez ses pépins et coupez-le en petits dés. Émincez finement l'oignon frais ainsi que sa tige.

2

Dans un saladier, placez les cubes de pastèque, les dés de concombre et l'oignon. Ciselez les feuilles de menthe par-dessus et émiettez la feta. Salez, poivrez, puis arrosez d'huile d'olive et de 2 c. à soupe du jus de citron. Mélangez bien.

3

Transvasez la salade dans la coque de pastèque vide et placez au frais pour 1 h. Servez bien frais.

SALADE CAESAR

MARY À TOUT PRIX
(1998)

INGRÉDIENTS :

- ☐ 1 gousse d'ail
- ☐ 10 filets d'anchois à l'huile
- ☐ 2 jaunes d'œufs
- ☐ 1 c. à café de moutarde
- ☐ 10 cl d'huile d'olive
- ☐ 1 c. à café de jus de citron
- ☐ 30 g de parmesan râpé
- ☐ 10 cl de crème liquide entière
- ☐ 4 blancs de poulet
- ☐ 20 g de beurre doux
- ☐ 2 tranches de pain de campagne
- ☐ 1 salade romaine
- ☐ Copeaux de parmesan

MATÉRIEL :

- ☐ 1 blender ou 1 mixeur

POUR 4 PERSONNES

Préparation : 20 MINUTES

Cuisson : 20 MINUTES

Le secret de Mary pour faire tomber raides dingues tous les hommes qu'elle croise dans sa vie ? Manger régulièrement de la salade Caesar !

LA RECETTE

1

Hachez finement l'ail. Mettez-le dans un blender ou le bol d'un mixeur, ainsi que les jaunes d'œufs, les filets d'anchois et la moutarde puis mixez. Ajoutez l'huile d'olive, le jus de citron et le parmesan râpé et mixez de nouveau, jusqu'à obtenir une consistance homogène. Ajoutez la crème et mixez rapidement pour l'incorporer. Réservez la sauce au frais.

2

Faites bouillir une casserole d'eau et plongez-y les blancs de poulet. Faites-les pocher environ 10 min. Dans une poêle, faites fondre 10 g de beurre et faites-y revenir les blancs de poulet à feu vif pendant environ 5 min en les retournant régulièrement, afin de bien les colorer. Salez, poivrez puis coupez-les en tranches.

3

Dans la même poêle, faites fondre le beurre restant et faites-y revenir les tranches de pain de campagne coupées en petits cubes, jusqu'à ce qu'ils soient bien dorés.

4

Répartissez les feuilles de salade romaine dans quatre assiettes, ainsi que les tranches de poulet. Arrosez chaque assiette généreusement de sauce Caesar et terminez en ajoutant les croûtons et les copeaux de parmesan. Servez immédiatement.

COURONNE DE POMMES DE TERRE

et œufs de poisson

VOUS AVEZ UN MESSAGE (1998)

INGRÉDIENTS :

- ☐ 2 kg de pommes de terre
- ☐ 120 g de beurre doux
- ☐ 1 c. à café de muscade moulue
- ☐ 3 c. à soupe de ciboulette ciselée
- ☐ 100 g d'œufs de lump noirs
- ☐ 100 g d'œufs de lump rouges

MATÉRIEL :

- ☐ 1 moule couronne ou à savarin

POUR 6 PERSONNES

Préparation : 30 MINUTES
Cuisson : 50 MINUTES

Quand on rencontre son ennemi lors d'une soirée mondaine, comme Kathleen avec Joe, il faut savoir rester calme et garder contenance. Pour cela, on vous conseille cette recette de couronne de pommes de terres, là en toute circonstance !

LA RECETTE

1

Épluchez les pommes de terre et coupez-les en tranches très fines à l'aide d'une mandoline.

2

Préchauffez le four à 200 °C. Faites fondre le beurre. À l'aide d'un pinceau, badigeonnez la surface d'un moule couronne ou d'un moule à savarin de beurre. Déposez une première couche de rondelles de pommes de terre dans le fond et sur les côtés, en quinconce, comme des écailles. Salez.

3

Saupoudrez de muscade moulue et de la moitié de la ciboulette, puis ajoutez le reste des rondelles de pommes de terre. Tassez bien et salez de nouveau. Versez le beurre restant sur les pommes de terre. Enfournez pour 50 min.

4

Démoulez la couronne sur un plat de service et déposez des petits tas d'œufs de lump tout autour. Parsemez du reste de ciboulette ciselée.

GIGOT D'AGNEAU

et sauce à la menthe

TITANIC (1997)

INGRÉDIENTS :

- ☐ *1 gigot d'agneau d'environ 1,2 kg*
- ☐ *2 c. à soupe de moutarde de Dijon*
- ☐ *5 cl d'huile d'olive*
- ☐ *1 citron*
- ☐ *Quelques branches de romarin frais (facultatif)*
- ☐ *30 g de beurre*
- ☐ *1 bouquet de menthe*
- ☐ *20 cl de vinaigre de cidre*
- ☐ *120 g de sucre en poudre*

MATÉRIEL :

- ☐ *1 plat à gratin*

POUR 8 PERSONNES

Préparation : 20 MINUTES

Cuisson : 3 HEURES 30

Repos: 20 MINUTES

L'agneau saignant, avec très peu de sauce à la menthe, c'est ce que Cal préfère, tant et si bien qu'il préfère choisir à la place de Rose. Si on dit non à ce genre de comportement, on dit oui au gigot d'agneau !

LA RECETTE

1

Préchauffez le four à 200 °C. Huilez un grand plat à gratin et placez le gigot à l'intérieur. Entaillez la peau du gigot (côté gras) en quadrillage à l'aide d'un couteau bien tranchant.

2

Dans un petit bol, mélangez l'huile d'olive, la moutarde et 2 c. à café de jus de citron. Salez, poivrez, puis massez toute la surface du gigot avec cette préparation en insistant bien sur les parties entaillées. Effeuillez le romarin et coincez les feuilles dans les entailles, ainsi que des petites lamelles de beurre.

3

Versez 10 cl d'eau dans le plat à gratin puis enfournez pour 20 min. Baissez le four à 180 °C, enveloppez votre gigot dans une feuille de papier d'aluminium et prolongez la cuisson de 3 h, en retournant le gigot toutes les 30 min.

4

Effeuillez le bouquet de menthe et hachez finement les feuilles. Dans une petite casserole, faites chauffer le vinaigre de cidre avec le sucre en poudre. Faites cuire à feu doux sans cesser de remuer environ 10 min, jusqu'à ce que le sucre soit totalement dissout. À ébullition, coupez le feu et ajoutez la menthe. Laissez infuser au moins 20 min.

5

Servez le gigot tiède coupé en tranches accompagné de la sauce à la menthe tiède ou froide.

GIGOT D'AGNEAU
et sauce à la menthe

POULET aux girolles

POULET
aux girolles

LA BOUM (1980)

INGRÉDIENTS :

- ☐ 4 blancs de poulet
- ☐ 500 g de girolles
- ☐ 2 gousses d'ail
- ☐ 2 échalotes
- ☐ 1 bouquet de persil
- ☐ 40 g de beurre doux
- ☐ 10 cl de vin blanc sec
- ☐ 20 cl de crème fraîche épaisse

ASTUCE : *Si vous ne trouvez pas de girolles, vous pouvez les remplacer par des champignons de Paris à couper en fines tranches, ou par des champignons secs à réhydrater dans de l'eau chaude.*

POUR 4 PERSONNES

Préparation : 10 MINUTES
Cuisson : 27 MINUTES

Votre cuisine ne ressemble peut-être pas à celle de la Coupole, mais tant que vous êtes aussi enthousiaste que Vic' à l'idée de manger un poulet aux girolles, tout va bien !

LA RECETTE

1

Coupez les blancs de poulet en lanières.
Nettoyez les girolles, hachez finement l'ail
et l'échalote. Ciselez le bouquet de persil.

2

Faites fondre 20 g de beurre dans une poêle.
Lorsqu'il commence à crépiter, ajoutez les lanières
de poulet et faites-les revenir pendant 5 min
à feu vif pour bien les colorer. Réservez.

3

Dans la même poêle, faites fondre les 20 g de beurre
restants. Ajoutez l'ail et l'échalote et faites revenir
2 min sans cesser de remuer. Versez le vin blanc,
puis les girolles et la moitié du persil. Laissez
cuire environ 10 min à feu vif en mélangeant
régulièrement, jusqu'à ce que le vin et l'eau
de végétation des champignons se soient évaporés.

4

Ajoutez le poulet, la crème fraîche et le reste
de persil (en gardant 2 c. à soupe).
Salez, poivrez et laissez mijoter environ 10 min
à feu très doux. Servez le poulet aux girolles
bien chaud parsemé du persil réservé.

LASAGNES

bolognaise

ESPRIT DE FAMILLE (2004)

INGRÉDIENTS :

- ☐ 1 oignon jaune
- ☐ 1 gousse d'ail
- ☐ 2 c. à soupe d'huile d'olive
- ☐ 200 g de bœuf haché
- ☐ 100 g de chair à saucisse
- ☐ 10 cl de vin rouge
- ☐ 700 g de sauce tomate
- ☐ 1 pincée de sucre
- ☐ ½ c. à café d'herbes de Provence
- ☐ 200 g de ricotta
- ☐ 12 feuilles de lasagnes
- ☐ 15 cl de crème liquide entière
- ☐ 50 g de parmesan râpé
- ☐ Origan

MATÉRIEL :

- ☐ 1 sauteuse
- ☐ 1 plat à gratin

POUR 6 PERSONNES

Préparation : 15 MINUTES

Cuisson : 1 HEURE 05

Lorsque vous préparerez ces lasagnes, soyez très prudent au moment de les enfourner si vous ne souhaitez pas vous retrouver recouvert de sauce bolognaise comme Meredith !

LA RECETTE

1

Émincez finement l'oignon et hachez la gousse d'ail. Faites chauffer l'huile d'olive dans une sauteuse et faites-les revenir pendant environ 5 min à feu moyen, sans cesser de remuer.

2

Ajoutez le bœuf et la chair à saucisse, salez, poivrez et faites cuire pendant 10 min. Déglacez avec le vin rouge, laissez-le s'évaporer quelques minutes puis ajoutez la sauce tomate, le sucre et les herbes de Provence. Laissez mijoter 25 min à couvert.

3

Préchauffez le four à 180 °C. Étalez 2 c. à soupe de sauce dans le fond d'un plat à gratin huilé. Ajoutez des feuilles de lasagnes, puis recouvrez-les de sauce. Ajoutez une couche de ricotta, puis de nouveau des lasagnes, de la sauce et de la ricotta. Renouvelez l'opération jusqu'à épuisement des ingrédients.

4

Terminez avec la crème liquide et parsemez de parmesan râpé et d'origan. Arrosez d'un filet d'huile d'olive, salez, poivrez et enfournez pour 25 min de cuisson. Servez chaud.

NOUILLES SAUTÉES

aux crevettes

LA DÉLICATESSE (2011)

INGRÉDIENTS :

- ☐ 300 g de crevettes cuites
- ☐ 1 carotte
- ☐ 1 courgette
- ☐ 1 branche de céleri
- ☐ 1 oignon jaune
- ☐ 2 gousses d'ail
- ☐ 1 cm de gingembre frais
- ☐ 1 filet d'huile de tournesol
- ☐ 200 g de nouilles chinoises sèches
- ☐ 2 c. à soupe de sauce soja
- ☐ 1 c. à café de sucre en poudre
- ☐ 1 c. à café d'huile de sésame
- ☐ 1 citron vert
- ☐ Coriandre pour servir

MATÉRIEL :

- ☐ 1 wok ou 1 sauteuse

POUR 4 PERSONNES

Préparation : 15 MINUTES

Cuisson : 35 MINUTES

Si comme Markus, vous prévoyez un premier rencard avec l'élu(e) de votre cœur, rien de tel que ces nouilles sautées aux crevettes. Et promis, cette version est garantie bien meilleure que celle du restaurant dans lequel il emmène Nathalie !

LA RECETTE

1

Décortiquez les crevettes en retirant leurs têtes et leurs carapaces. Coupez la carotte et la courgette en petits bâtonnets fins. Émincez la branche de céleri et l'oignon. Hachez les gousses d'ail et râpez le gingembre épluché.

2

Faites chauffer l'huile de tournesol dans un wok ou une sauteuse. Faites-y revenir l'oignon et l'ail pendant 3 min en mélangeant régulièrement. Ajoutez le céleri, la carotte, la courgette, le gingembre râpé, et faites revenir à feu moyen pendant environ 10 min, sans cesser de remuer.

3

Versez 2 c. à soupe de sauce soja, le sucre, l'huile de sésame et 10 cl d'eau dans le wok, et laissez revenir à feu doux pendant 15 min.

4

Pendant ce temps, faites cuire les nouilles chinoises dans un grand volume d'eau bouillante le temps indiqué sur le paquet. Égouttez-les.

5

Ajoutez les crevettes décortiquées dans le wok, ainsi que l'huile de sésame et le jus du citron vert. Faites sauter 2 min, puis ajoutez les nouilles, 1 c. à soupe de sauce soja et faites sauter 5 min supplémentaires. Servez les nouilles bien chaudes parsemées de coriandre fraîche hachée.

HOMARD

à l'armoricaine

ANNIE HALL (1977)

INGRÉDIENTS :

- ☐ 3 homards d'environ 800 g
- ☐ 1 carotte
- ☐ ½ branche de céleri
- ☐ 3 échalotes
- ☐ 2 gousses d'ail
- ☐ 80 g de beurre doux
- ☐ 6 cl de cognac
- ☐ 2 c. à soupe de concentré de tomates
- ☐ 600 g de pulpe de tomates
- ☐ 40 cl de fumet de poisson
- ☐ 1 bouteille de vin blanc sec
- ☐ 1 bouquet garni
- ☐ 1 c. à café de farine

MATÉRIEL :

- ☐ 1 cocotte
- ☐ 1 chinois ou 1 passoire fine

POUR 4 PERSONNES

Préparation :
40 MINUTES

Cuisson :
45 MINUTES

On ne joue pas avec la nourriture, on le sait bien. Et encore moins avec des homards. Pour autant, impossible de ne pas être amusé et touché devant la fameuse scène des homards, révélant toute la complicité installée entre Alvy et Annie !

LA RECETTE

1

Préparez les homards. Sur une planche à découper, séparez leurs têtes de leurs queues. Coupez la tête en deux et récupérez le corail et la partie crémeuse. Décortiquez les pinces et découpez les queues en médaillons, en prenant garde à retirer le boyau. Réservez l'eau de découpe produite.

2

Coupez les carottes pelées ainsi que la demi-branche de céleri en petits dés et émincez les échalotes. Hachez finement l'ail. Faites fondre 40 g de beurre dans une cocotte et faites-y revenir les légumes, sauf l'ail, pendant environ 5 min. Ajoutez les morceaux de homard ainsi que les têtes, versez le cognac et faites flamber le tout.

3

Ajoutez l'ail haché et le concentré de tomates et faites revenir 3 min supplémentaires. Enfin, versez la pulpe de tomates, le fumet de poisson, le vin, le bouquet garni, le jus de découpe réservé, du sel et du poivre. À ébullition, laissez mijoter 25 min à feu doux et à couvert.

4

Retirez les morceaux de homard et jetez les têtes. Passez la sauce au chinois pour retirer les morceaux. Faites chauffer la sauce obtenue dans une petite casserole, pendant environ 10 min, jusqu'à ce qu'elle ait réduit d'un tiers.

5

Dans un petit mixeur, mixez le corail du homard et la partie crémeuse avec la farine et 40 g de beurre. Incorporez ce mélange à la sauce en mélangeant délicatement, ajoutez les morceaux de homard réservés puis faites chauffer à feu doux pendant environ 2 min. Servez chaud.

HOMARD
à l'armoricaine

SPANAKOPITA GREC

SPANAKOPITA

grec

MAMMA MIA ! (2008)

INGRÉDIENTS :

- ☐ 10 cl d'huile d'olive
- ☐ 2 oignons jaunes
- ☐ 1 gousse d'ail
- ☐ 1 kg d'épinards en branches surgelés
- ☐ 1 bouquet de menthe
- ☐ 1 bouquet d'aneth
- ☐ 4 œufs
- ☐ 200 g de feta
- ☐ 12 feuilles de filo

MATÉRIEL :

- ☐ 1 plat à gratin

POUR 4 PERSONNES

Préparation : 20 MINUTES

Cuisson : 1 HEURE

L'histoire ne dit pas si la spanakopita est le plat préféré de Donna, mais elle a peut-être d'autres choses à gérer pour le moment comme un hôtel, le mariage de sa fille ou le retour de trois amants en même temps ! Courage Chiquitita !

LA RECETTE

1

Émincez finement les oignons et hachez la gousse d'ail. Effeuillez le bouquet de menthe et hachez les feuilles ainsi que le bouquet d'aneth.

2

Faites décongeler les épinards à la vapeur ou sous l'eau tiède et essorez-les bien.

3

Faites chauffer 2 c. à soupe d'huile d'olive dans une sauteuse et faites revenir les oignons émincés et l'ail pendant 10 min à feu moyen en remuant régulièrement. Ajoutez les épinards et faites revenir encore 10 min. Ajoutez les herbes hachées dans la poêle et faites revenir 5 min supplémentaires.

4

Battez les œufs dans un saladier, salez et poivrez. Ajoutez la feta grossièrement émiettée et mélangez bien. Incorporez le mélange aux épinards.

5

Préchauffez le four à 180 °C. Badigeonnez d'huile d'olive le fond et les bords d'un plat à gratin un petit peu plus petit que les feuilles de filo. Disposez une feuille de filo dans le plat en la faisant remonter sur les bords. Badigeonnez-la d'huile d'olive à l'aide d'un pinceau de cuisine, puis placez une autre feuille de filo. Badigeonnez-la également d'huile, puis déposez une troisième feuille.

6

Répartissez la moitié de la préparation dans le plat, puis recouvrez avec trois nouvelles feuilles de filo enduites d'huile. Répartissez la seconde moitié de la garniture et déposez les 6 feuilles de filo restantes en les badigeonnant à chaque fois d'huile d'olive. À l'aide d'un couteau, quadrillez les feuilles supérieures. Enfournez pour 35 min de cuisson. Servez chaud.

SUSHIS

et maki-sushis

SEX AND THE CITY, LE FILM (2008)

INGRÉDIENTS :

- ☐ 500 g de riz rond à sushis
- ☐ 3 c. à soupe de vinaigre de riz
- ☐ 1 c. à soupe de sucre en poudre
- ☐ 5 feuilles d'algues nori
- ☐ ½ concombre
- ☐ ½ avocat
- ☐ 2 pavés de saumon extra-frais sans la peau
- ☐ Wasabi
- ☐ Sauce soja salée et/ou sucrée

MATÉRIEL :

- ☐ 1 natte en bambou à maki-sushis

POUR 4 PERSONNES

Préparation : 30 MINUTES

Cuisson : 15 MINUTES

Si comme Samantha Jones, vous ne souhaitez pas vous retrouver nu sur une table recouverte de vos sushis, à vous faire poser un lapin par votre moitié, nous vous conseillons de les déguster de manière plus modeste, dans une assiette et habillé !

LA RECETTE

1

Faites cuire le riz rond à sushis en suivant les indications du paquet.

2

Dans une petite casserole, faites chauffer le vinaigre de riz avec le sucre en poudre et 1 c. à café de sel, jusqu'à ce qu'ils soient totalement dissouts. Versez ce mélange sur le riz et mélangez bien. Laissez refroidir à température ambiante.

3

Coupez un pavé de saumon en bâtonnets et le second en fines tranches. Épluchez le concombre, retirez ses pépins puis coupez-le en fins bâtonnets. Coupez l'avocat en bâtonnets.

4

Préparez un bol d'eau pour humidifier vos mains. Prélevez une grosse cuillère à soupe de riz vinaigré et formez à la main une sorte de quenelle. Déposez un tout petit trait de wasabi à sa surface et recouvrez d'une fine tranche de saumon cru. Renouvelez l'opération jusqu'à épuisement des tranches de poisson, et réservez les sushis au frais.

5

Déposez une feuille d'algue nori sur une natte en bambou à maki-sushis. Répartissez dessus une couche de riz vinaigré, en laissant une bordure en haut et en bas de la feuille. Déposez quelques bâtonnets de concombre, d'avocat ou de saumon tout le long de l'extrémité basse du riz. Roulez la feuille sur le riz de manière bien serrée à l'aide de la natte, afin de former un boudin. Découpez-le en tranches à l'aide d'un couteau bien aiguisé. Renouvelez l'opération jusqu'à épuisement des feuilles de nori.

6

Servez les sushis et les maki-sushis bien frais, accompagné de la sauce soja de votre choix ainsi que de wasabi.

SUSHIS
et makis-sushis

DESSERTS

MIAM !

FLAN
aux abricots

JEUX D'ENFANTS (2003)

INGRÉDIENTS :

- ☐ 1 l de lait entier
- ☐ 1 c. à café d'extrait de vanille
- ☐ 2 sachets de sucre vanillé
- ☐ 6 œufs
- ☐ 120 g de sucre en poudre
- ☐ 4 c. à soupe de fécule de maïs
- ☐ 1 noix de beurre doux
- ☐ 120 g d'abricots secs moelleux
- ☐ 3 c. à soupe d'amandes effilées (facultatif)

MATÉRIEL :

- ☐ 1 batteur électrique
- ☐ 1 fouet
- ☐ 1 moule à manqué

ASTUCE : *Pour un goût original et plus de saveurs, vous pouvez utiliser du beurre demi-sel pour beurrer votre plat.*

POUR 6 PERSONNES

Préparation : 15 MINUTES
Cuisson : 45 MINUTES
Réfrigération : AU MOINS 4 HEURES

Quand elle sera grande, Sophie ne souhaite pas devenir tyran comme Julien. Non, ce qu'elle aimerait, c'est devenir un flan, et si possible aux abricots, tout tiède dans la vitrine d'une boulangerie. Un beau projet, non ?

LA RECETTE

1

Préchauffez le four à 180 °C. Dans un saladier, battez les œufs et le sucre au batteur électrique pendant environ 4 min, jusqu'à ce que le mélange blanchisse et augmente de volume.

Love

2

Dans une casserole, versez le lait, 1 sachet de sucre vanillé et l'extrait de vanille. Portez à ébullition à feu moyen, en faisant attention à ne pas faire brûler le mélange. Incorporez-le à la préparation précédente.

3

Ajoutez la fécule de maïs sans cesser de remuer jusqu'à obtenir un mélange homogène. Versez la préparation dans une casserole et portez à ébullition à feu moyen. Baissez le feu et continuez à faire cuire en mélangeant sans cesse au fouet, jusqu'à ce que le mélange commence à épaissir.

4

Beurrez un moule à manqué et versez-y la préparation. Ajoutez les abricots et enfournez pour 20 min de cuisson. Parsemez le flan des amandes effilées et du sucre vanillé restant, et renfournez pour 10 min de cuisson supplémentaires. Laissez refroidir complètement, puis réservez au frais au moins 4 h. Servez froid ou légèrement réchauffé au four.

GLACE
à la vanille

N'OUBLIE JAMAIS (2004)

INGRÉDIENTS :

- ☐ 1 gousse de vanille
- ☐ 50 cl de lait entier
- ☐ 6 jaunes d'œufs
- ☐ 120 g de sucre en poudre
- ☐ 20 cl de crème fraîche
- ☐ Cônes en gaufrettes pour servir (facultatif)

MATÉRIEL :

- ☐ 1 saladier
- ☐ 1 bac à glace ou 1 boîte hermétique

POUR ENVIRON 1 L DE GLACE

Préparation : 10 MINUTES
Cuisson : 20 MINUTES
Congélation : 2 HEURES 30

Il y a des instants de vie que l'on n'oublie jamais, comme un premier baiser ou une glace partagée avec son amour de vacances…

LA RECETTE

1

Fendez la gousse de vanille en deux et prélevez ses graines à l'aide de la pointe d'un couteau. Dans une casserole, faites chauffer le lait avec les graines de vanille ainsi que la gousse.

2

Dans un saladier, battez les jaunes d'œufs avec le sucre. Versez peu à peu le lait chaud sur la préparation sans cesser de battre. Versez le mélange obtenu dans la casserole et faites chauffer à feu très doux en remuant sans cesse à l'aide d'une cuillère en bois, jusqu'à ce que la crème épaississe et nappe la cuillère. Laissez refroidir.

3

Incorporez la crème fraîche à la crème anglaise. Versez le tout dans un bac à glace ou dans une boîte hermétique et placez au congélateur pour 30 min.

4

Sortez la crème glacée et grattez-la avec une fourchette afin d'éviter la formation de cristaux. Remettez-la au congélateur 30 min et répétez l'opération 3 fois. Servez vos boules de glace dans des cônes en gaufrettes ou dans des ramequins.

GLACE à la vanille

BROWNIE
au chocolat

BROWNIE

au chocolat

COUP DE FOUDRE
À NOTTING HILL (1999)

INGRÉDIENTS :

- ☐ 250 g de chocolat noir pâtissier
- ☐ 165 g de beurre doux + 1 noix
- ☐ 3 œufs
- ☐ 140 g de sucre en poudre
- ☐ 70 g de farine
- ☐ 1 c. à café d'extrait de vanille liquide
- ☐ 2 grosses poignées de cerneaux de noix

MATÉRIEL :

- ☐ 1 moule carré ou rectangulaire

POUR 6 PERSONNES

Préparation : 10 MINUTES
Cuisson : 30 MINUTES

Une part de brownie, ça se mérite ! Dans le cas de William et sa bande, c'est à celui qui racontera l'histoire la plus triste sur sa vie, mais libre à vous de manger ce brownie quand ça vous chante, nous ne sommes pas là pour juger !

LA RECETTE

1

Préchauffez le four à 180 °C.
Dans une petite casserole, faites fondre le chocolat en morceaux avec le beurre coupé en petits dés.

2

Battez énergiquement les œufs avec le sucre, jusqu'à ce que le mélange blanchisse. Ajoutez la farine en pluie et l'extrait de vanille liquide, et mélangez bien jusqu'à obtenir une pâte homogène.

3

Versez le mélange chocolat-beurre et mélangez jusqu'à ce qu'ils soient totalement incorporés. Ajoutez les cerneaux de noix et mélangez grossièrement.

4

Beurrez un moule carré ou rectangulaire et versez-y la pâte. Enfournez pour 30 min de cuisson. Servez tiède.

PÊCHES POCHÉES

au sirop et crème chantilly

CALL ME BY YOUR NAME
(2017)

INGRÉDIENTS :

- ☐ 4 pêches
- ☐ 250 g de sucre en poudre
- ☐ 1 sachet de sucre vanillé
- ☐ Jus d'½ citron
- ☐ Quelques feuilles de verveine (facultatif)
- ☐ 1 gousse de vanille
- ☐ 25 cl de crème liquide entière très froide
- ☐ 2 c. à soupe de mascarpone
- ☐ 50 g de sucre glace

MATÉRIEL :

- ☐ 1 batteur électrique

CONSEIL : *Pour réussir à coup sûr votre chantilly, pensez à placer les pales de votre batteur électrique ainsi que le récipient dans lequel vous allez la préparer au congélateur environ 20 min avant de commencer.*

POUR 2 PERSONNES

Préparation : 15 MINUTES
Cuisson : 20 MINUTES
Repos : 20 MINUTES

Quoi de mieux qu'une pêche bien rafraîchissante entre deux plongeons dans la piscine pour un été farniente des plus délicieux ?

LA RECETTE

1

Faites bouillir une casserole d'eau et plongez-y les pêches. Laissez-les cuire environ 15 s, puis passez-les immédiatement sous l'eau froide. Retirez leur peau à l'aide d'un petit couteau.

2

Versez 1,5 l d'eau dans la casserole vide ainsi que le sucre, le sucre vanillé, le jus de citron et éventuellement les feuilles de verveine. Laissez chauffer jusqu'à ce que le mélange frémisse. Ajoutez les pêches pelées et laissez-les pocher à feu moyen environ 10 min. Vérifiez la cuisson à l'aide de la pointe d'un couteau : la chair des fruits doit être tendre. Laissez-les refroidir dans le sirop.

3

Fendez la gousse de vanille en deux dans la longueur et récupérez ses graines à l'aide de la pointe d'un couteau. Dans un récipient, versez la crème très froide et le mascarpone. Fouettez à l'aide d'un batteur électrique, en augmentant la puissance petit à petit.

4

Lorsque le mélange commence à épaissir, ajoutez le sucre glace en plusieurs fois ainsi que les graines de la gousse de vanille sans cesser de battre, jusqu'à ce que la chantilly soit bien ferme.

5

Servez les pêches dans des petits bols, nappées de sirop et accompagnées de crème chantilly.

PÊCHES POCHÉES
au sirop et crème chantilly

CRÈME BRÛLÉE

CRÈME BRÛLÉE

LE FABULEUX DESTIN D'AMÉLIE POULAIN (2001)

INGRÉDIENTS :

- ☐ 1 gousse de vanille
- ☐ 20 cl de lait entier
- ☐ 20 cl de crème liquide entière
- ☐ 4 jaunes d'œufs
- ☐ 40 g de sucre en poudre
- ☐ 6 c. à soupe de sucre cassonade

MATÉRIEL :

- ☐ 6 ramequins allant au four
- ☐ 1 chalumeau

POUR 6 PERSONNES

Préparation : 20 MINUTES
Cuisson : 10 MINUTES
Réfrigération : AU MOINS 4 HEURES

Il y a des petits plaisirs dans la vie comme plonger la main au plus profond d'un sac de grains, ou briser la croûte des crèmes brûlées avec la pointe de la petite cuillère. Et ce n'est pas Amélie qui nous contredira...

LA RECETTE

1

Préchauffez le four à 120 °C. Fendez la gousse de vanille en deux dans la longueur et récupérez ses graines à l'aide de la pointe d'un couteau.

2

Dans une petite casserole, faites chauffer le lait et la crème avec les morceaux de gousse de vanille, en faisant attention à ne pas faire bouillir le liquide.

3

Fouettez les jaunes d'œufs avec le sucre et les graines de vanille, jusqu'à ce que le mélange blanchisse. Versez progressivement la crème et le lait chauds vanillés dessus, et mélangez doucement sans faire mousser.

4

Répartissez le mélange dans 6 ramequins allant au four. Enfournez pour 40 min de cuisson. Laissez refroidir les crèmes à la sortie du four, puis placez-les au réfrigérateur pour au moins 4 h.

5

Au moment de servir, saupoudrez chaque ramequin d'une cuillère à soupe de sucre cassonade, puis faites caraméliser à l'aide d'un chalumeau de cuisine ou directement sous le gril du four. Servez immédiatement.

MOUSSE de fraises

IL ÉTAIT TEMPS (2013)

INGRÉDIENTS :

- ☐ 3 feuilles de gélatine alimentaire
- ☐ 600 g de fraises
- ☐ 40 g de sucre en poudre
- ☐ 1 sachet de sucre vanillé
- ☐ Jus d'½ citron
- ☐ 2 blancs d'œufs
- ☐ 25 cl de crème liquide entière très froide
- ☐ 2 c. à soupe de mascarpone

MATÉRIEL :

- ☐ 1 mixeur ou 1 blender
- ☐ 1 batteur électrique

POUR 4 PERSONNES

Préparation : 20 MINUTES
Cuisson : 10 MINUTES
Réfrigération : AU MOINS 6 HEURES

Conseil pour votre prochain premier rendez-vous, n'hésitez pas à prendre la mousse de fraises, ça rapproche. En tout cas pour Tim et Mary, ça a bien fonctionné, après vous faites ce que vous voulez !

LA RECETTE

1

Placez les feuilles de gélatine dans un bol d'eau froide.

2

Mixez finement 500 g de fraises dans le bol d'un mixeur ou d'un blender avec 2 c. à soupe d'eau, jusqu'à obtenir un coulis lisse. Versez-le dans une casserole et faites chauffer à feu doux avec le sucre en poudre et le jus de citron, pendant environ 10 min.

3

Essorez les feuilles de gélatine et ajoutez-les dans la casserole. Éteignez le feu et mélangez bien, jusqu'à ce que la gélatine soit totalement dissoute. Laissez refroidir à température ambiante.

4

Montez les blancs d'œufs en neige ferme avec 1 pincée de sel. Une fois montés, ajoutez le coulis de fraises, sans cesser de battre, jusqu'à qu'il soit bien incorporé.

5

Dans un récipient, versez la crème très froide et le mascarpone. Fouettez à l'aide du batteur électrique, en augmentant petit à petit la puissance. Une fois montée, incorporez délicatement la chantilly obtenue au mélange précédent à l'aide d'une spatule.

6

Répartissez la mousse dans 4 verres et placez au frais pour au moins 6 h. Découpez les fraises restantes en tranches. Servez les mousses bien fraîches et décorées avec les tranches de fraises.

CHEESECAKE ♥

L'AMOUR SANS PRÉAVIS
(2002)

INGRÉDIENTS :

- ☐ 250 g de biscuits spéculoos ou de petits-beurre
- ☐ 130 g de beurre demi-sel
- ☐ 1 pincée de muscade (facultatif)
- ☐ 250 g de petits-suisses
- ☐ 250 g de fromage frais (type Philadelphia® ou St-Morêt®)
- ☐ 130 g de sucre en poudre
- ☐ 2 sachets de sucre vanillé
- ☐ 3 c. à café de farine
- ☐ 3 œufs
- ☐ 25 cl de crème liquide entière
- ☐ 1 citron
- ☐ 400 g de framboises

MATÉRIEL :

- ☐ 1 moule à charnière de 23 cm de diamètre
- ☐ 1 batteur électrique
- ☐ 1 mixeur

POUR 6 PERSONNES

Préparation : 20 MINUTES
Cuisson : 55 MINUTES
Réfrigération : 2 HEURES

Contrairement à la recette originale de la maman de Lucy, pas de tofu dans cette version du cheesecake ! Mais rien ne vous empêche de le déguster sur un toit-terrasse avec vue sur mer...

LA RECETTE

1

Préchauffez le four à 180 °C. Écrasez les biscuits pour les réduire en miettes. Faites fondre le beurre dans une petite casserole. Versez le beurre sur les miettes de biscuits, ajoutez la muscade et mélangez bien. Beurrez un moule à charnière de 23 cm de diamètre, chemisez-le de papier sulfurisé et étalez le mélange au fond. Tassez bien à l'aide d'une cuillère et réservez au frais.

2

Dans un saladier, battez les petits-suisses et le fromage frais avec 100 g de sucre en poudre, le sucre vanillé et la farine. Ajoutez les œufs un à un sans cesser de battre, puis la crème liquide. Prélevez le zeste du citron et incorporez-le au mélange ainsi qu'une cuillère à soupe du jus du citron.

3

Versez cette crème dans le moule à charnière, sur le fond de biscuits. Enfournez pour 55 min de cuisson, jusqu'à ce que le cheesecake soit ferme. Laissez-le complètement refroidir, puis laissez-le reposer au frais au moins 2 h.

4

Mixez finement les framboises avec les 30 g de sucre restants et 1 c. à soupe de jus de citron, jusqu'à obtenir un coulis. Servez le cheesecake bien frais accompagné du coulis de framboises.

TARTE

aux pommes

QUAND HARRY RENCONTRE SALLY (1989)

INGRÉDIENTS :

- ☐ 5 pommes
- ☐ 1 c. à café de cannelle en poudre
- ☐ 4 c. à soupe de sucre cassonade
- ☐ 1 filet de jus de citron
- ☐ 1 pâte brisée
- ☐ 1 c. à soupe de poudre d'amandes (facultatif)
- ☐ 400 g de compote de pommes
- ☐ 20 g de beurre doux
- ☐ 3 c. à soupe de crème fraîche
- ☐ 3 c. à soupe de mascarpone
- ☐ 1 sachet de sucre vanillé

MATÉRIEL :

- ☐ 1 moule à tarte

POUR 6 PERSONNES

Préparation : 20 MINUTES

Cuisson : 30 MINUTES

Si vous êtes comme Sally, cette recette est faite pour vous ! Assurez-vous seulement qu'elle soit à la mode, que la tarte soit tiède, avec la glace à part (à part c'est très important). Pour la glace, il faut de la framboise au lieu de la vanille si vous en avez, sinon pas de glace, juste de la chantilly, mais attention à ce qu'elle soit maison, sinon pas de chantilly...

LA RECETTE

1

Préchauffez le four à 180 °C. Épluchez les pommes, retirez leurs trognons et coupez-les en fines lamelles. Dans un saladier, mélangez-les avec la cannelle, 2 c. à soupe de sucre cassonade et le filet de jus de citron.

2

Étalez la pâte brisée au fond d'un moule à tarte et piquez-la à l'aide d'une fourchette. Saupoudrez éventuellement le fond de poudre d'amandes, puis étalez par-dessus la compote de pommes. Placez les lamelles de pommes en rosace sur la compote.

3

Saupoudrez la tarte avec les 2 c. à soupe de cassonade restantes et parsemez-la de petits morceaux de beurre. Enfournez pour 30 min de cuisson.

4

Mélangez la crème fraîche, le mascarpone et le sucre vanillé dans un bol. Servez la tarte tiède accompagnée de cette sauce.

TARTE aux pommes

CAKE D'AMOUR

CAKE D'AMOUR

PEAU D'ÂNE (1970)

INGRÉDIENTS :

- ☐ 200 g de farine
- ☐ 4 œufs
- ☐ 7 cl de lait
- ☐ 80 g de sucre en poudre
- ☐ 80 g de beurre doux + 1 noix
- ☐ 1 c. à soupe de levure chimique
- ☐ 1 c. à soupe de miel
- ☐ 1 bague

MATÉRIEL :

- ☐ 1 fouet
- ☐ 1 moule à manqué

POUR 1 PRINCE (OU 6 PERSONNES)

Préparation : 20 MINUTES

Cuisson : 40 MINUTES

Pour trouver son prince, il n'y a qu'une chose à faire, c'est un cake d'amour, tout le monde sait ça ! Et n'oubliez pas que pour préparer votre pâte, il vous faut une jatte plate…

LA RECETTE

1

Préchauffez le four à 180 °C.
Dans un saladier, versez la farine et creusez un puits au centre.
Cassez-y les œufs et versez le lait ainsi que le sucre. Mélangez bien au fouet jusqu'à obtenir une texture homogène.

2

Dans une petite casserole, faites fondre le beurre et ajoutez-le à la pâte ainsi que la levure, le miel et 1 pincée de sel.
Mélangez bien jusqu'à ce qu'ils soient incorporés.

Yummy

3

Beurrez un moule à cake ou à manqué et versez-y la pâte. Enfoncez-y la bague afin qu'on ne la voit pas à la surface.
Enfournez pour 40 min de cuisson.
Servez tiède.

MACARONS À LA VANILLE

de la Saint-Valentin

VALENTINE'S DAY (2010)

INGRÉDIENTS :

- ☐ 150 g de sucre glace
- ☐ 150 g de poudre d'amandes
- ☐ 150 g de sucre en poudre
- ☐ 110 g de blancs d'œufs
- ☐ Colorant alimentaire rouge ou rose
- ☐ 220 g de chocolat blanc
- ☐ 20 cl de crème liquide entière
- ☐ 3 gousses de vanille
- ☐ 150 g de groseilles (facultatif)

MATÉRIEL :

- ☐ 1 maryse
- ☐ 1 mixeur
- ☐ 1 thermomètre de cuisine
- ☐ 1 batteur électrique
- ☐ 1 poche à douille lisse

POUR ENVIRON 25 MACARONS

Préparation : 40 MINUTES
Réfrigération : 1 NUIT
Repos : 1 HEURE
Cuisson : 10 MINUTES

Offrir un bouquet à sa moitié pour la Saint-Valentin c'est sympa, mais lui préparer de romantiques macarons, est-ce que ce n'est pas ça la vraie classe absolue ?

LA RECETTE

1

Préparez la ganache la veille. Fendez la gousse de vanille en deux dans la longueur et récupérez ses graines à l'aide de la pointe d'un couteau. Dans une casserole, portez la crème liquide à ébullition avec les graines ainsi que les morceaux de gousse de vanille. Laissez infuser 30 min hors du feu.

2

Faites fondre le chocolat blanc au bain-marie, puis versez dessus 1/3 de la crème vanillée. Mélangez bien à l'aide d'une maryse, puis versez le reste de crème en deux fois, sans oublier de mélanger à chaque fois, jusqu'à obtenir une ganache homogène. Filmez-la au contact et placez-la au frais pour la nuit.

3

Le jour J, réalisez les macarons. Mixez le sucre glace et la poudre d'amandes jusqu'à obtenir une poudre très fine. Dans un saladier, mélangez-la avec la moitié des blancs d'œufs.

4

Réalisez une meringue italienne. Placez le sucre en poudre dans une casserole avec 4 c. à café d'eau et faites chauffer jusqu'à ce que le mélange atteigne 118 °C et forme un sirop transparent. Montez la moitié des blancs d'œufs en neige ferme. Versez le sirop de sucre chaud dessus sans cesser de fouetter, jusqu'à ce que le mélange refroidisse.

5

Incorporez une grosse cuillère de meringue dans le mélange à l'amande, puis versez le reste de meringue et mélangez de haut en bas à l'aide d'une cuillère en bois jusqu'à obtenir une pâte fluide et lisse. Ajoutez quelques gouttes de colorant alimentaire selon l'intensité de couleur souhaitée et mélangez à nouveau pour bien l'incorporer.

6

Préchauffez le four à 160 °C. Placez la pâte dans une poche à douille lisse. Sur la plaque du four recouverte de papier sulfurisé, pochez environ 50 formes de cœur. Tapez délicatement la plaque contre le plan de travail à plusieurs reprises afin de chasser les éventuelles bulles d'air contenues dans la pâte. Laissez reposer à l'air libre pendant environ 30 min, puis enfournez pour 10 min de cuisson.

7

Une fois refroidis, décollez les coques de macarons de la plaque. Assemblez-les deux par deux, en déposant une généreuse c. à café de ganache entre les deux coques, et éventuellement 3 groseilles.
Servez immédiatement.

MACARONS À LA VANILLE
de la Saint-Valentin

NAKED CAKE

de mariage aux fruits rouges

QUATRE MARIAGES ET UN ENTERREMENT (1994)

INGRÉDIENTS :

- ☐ 1 gousse de vanille
- ☐ 4 œufs
- ☐ 280 g de sucre en poudre
- ☐ 25 cl de lait fermenté (type lait ribot)
- ☐ 25 cl d'huile de tournesol
- ☐ 420 g de farine
- ☐ 1 sachet de levure chimique
- ☐ ½ c. à café de sel
- ☐ 35 cl de crème liquide entière très froide
- ☐ 250 g de mascarpone très froid
- ☐ 100 g de sucre glace
- ☐ 400 g de fraises
- ☐ 200 g de confiture de fruits rouges
- ☐ 250 g de framboises
- ☐ 250 g de myrtilles
- ☐ Fleurs comestibles

MATÉRIEL :

- ☐ 2 moules à charnières de 23 cm de diamètre
- ☐ 1 batteur électrique
- ☐ 1 plat de service

POUR 12 PERSONNES

Préparation : 40 MINUTES
Cuisson : 35 MINUTES
Repos : 2 HEURES

Il y a quelques incontournables que l'on retrouve dans chaque mariage : le discours du témoin (plus ou moins réussi), les plans de table (plus ou moins foireux), la chenille (toujours moquée, mais toujours dansée). Mais aussi et surtout, il y a le gâteau de mariage !

LA RECETTE

1

Préchauffez le four à 180 °C.
Beurrez deux moules à charnières et placez un cercle de papier sulfurisé dans le fond de chacun. Fendez la gousse de vanille en deux dans la longueur et récupérez ses graines à l'aide de la pointe d'un couteau.

2

Dans un saladier, battez les œufs avec le sucre pendant environ 5 min à l'aide d'un batteur électrique, jusqu'à ce que le mélange ait triplé de volume. Ajoutez le lait, les graines de la gousse de vanille et l'huile, puis mélangez délicatement jusqu'à obtenir un mélange homogène.

3

Dans un second saladier, tamisez ensemble la farine, la levure et le sel. Versez petit à petit la préparation précédente dessus en mélangeant délicatement. Répartissez équitablement la pâte dans les deux moules. Enfournez pour 35 min de cuisson. Laissez complètement refroidir avant de démouler. Coupez doucement les gâteaux en deux dans l'épaisseur, en prenant soin de ne pas les casser.

4

Dans un récipient, mélangez la crème et le mascarpone très froids. Fouettez à l'aide du batteur électrique, en augmentant la puissance petit à petit. Ajoutez le sucre glace en plusieurs fois, sans cesser de battre, jusqu'à obtenir une chantilly bien ferme.

5

Montez le gâteau. Coupez 300 g de fraises en fines tranches. Étalez une grosse cuillère à soupe de confiture de fruits rouges au centre du plat de service de votre choix, puis posez dessus une première tranche de gâteau, côté coupé vers le haut. Nappez généreusement sa surface de confiture, puis ajoutez une couche de crème chantilly par-dessus et des tranches de fraises. Posez dessus une deuxième tranche de gâteau et renouvelez l'opération jusqu'à poser la dernière tranche de gâteau.

6

Recouvrez la surface et les bords du gâteau monté avec le reste de chantilly. Décorez le sommet du naked cake avec les fruits rouges restants et des fleurs comestibles. Placez au frais jusqu'au moment de servir.

NAKED CAKE DE MARIAGE
aux fruits rouges

BOISSONS
& cocktails

MILKSHAKE

à la fraise

GREASE (1978)

INGRÉDIENTS :

- ☐ 250 g de fraises
- ☐ 25 cl de lait (ou de boisson végétale de votre choix)
- ☐ 1 boule de crème glacée à la vanille
- ☐ 4 glaçons
- ☐ 1 bombe de crème chantilly
- ☐ Des vermicelles en sucre multicolores (facultatif)
- ☐ 2 cerises confites (facultatif)

MATÉRIEL :

- ☐ 1 blender
- ☐ 2 verres hauts

POUR 2 VERRES

Préparation : 5 MINUTES

Entre les cours, les histoires et autres drames, le lycée, ça n'a jamais été simple à gérer. Heureusement, on peut se détendre avec un bon milkshake grâce à cette recette !

LA RECETTE

1

Équeutez les fraises.
Placez-les dans le bol du blender
avec le lait, la crème glacée
et les glaçons.

2

Mixez par à-coups au début,
puis continuellement en augmentant
la vitesse, jusqu'à obtenir une texture
onctueuse et homogène.

3

Versez le milkshake dans les verres.
Ajoutez de la crème chantilly à la surface
de chaque verre, parsemez éventuellement
de vermicelles en sucre et complétez avec
une cerise confite. Servez immédiatement.

MILKSHAKE
à la fraise

LAIT DE POULE

LAIT DE POULE

ORGUEIL ET PRÉJUGÉS
(2006)

INGRÉDIENTS :

- ☐ 25 cl de lait
- ☐ ½ c. à café de cannelle en poudre
- ☐ 1 sachet de sucre vanillé
- ☐ 1 c. à café de rhum
- ☐ 2 jaunes d'œufs
- ☐ 40 g de sucre
- ☐ 2 bâtons de cannelle (facultatif)

MATÉRIEL :

- ☐ 1 fouet
- ☐ 2 verres hauts

POUR 2 VERRES

Préparation : 10 MINUTES
Cuisson : 5 MINUTES

Pour se remettre des émotions que peuvent provoquer un bal et des quadrilles enflammés avec son prétendant, il n'y a qu'un remède, c'est le lait de poule, Elizabeth Bennet pourra confirmer !

LA RECETTE

1

Faites chauffer le lait dans une casserole avec la cannelle en poudre, le sucre vanillé et le rhum, en mélangeant et en faisant attention à ne pas le faire bouillir.

2

Dans un récipient à part, battez les jaunes d'œufs avec le sucre en poudre pendant 3 à 5 min, jusqu'à ce que le mélange double de volume.

3

Versez délicatement le lait sur les œufs sans cesser de battre, jusqu'à obtenir un mélange homogène. Versez la préparation obtenue dans 2 verres hauts et décorez éventuellement avec les bâtons de cannelle.
Servez immédiatement.

DIABOLO

fraise

LA LA LAND (2017)

INGRÉDIENTS :

- ☐ 1 kg de fraises
- ☐ 600 g de sucre
- ☐ 25 cl de limonade
- ☐ 1 citron
- ☐ Des glaçons

MATÉRIEL :

- ☐ 1 chinois ou passoire fine
- ☐ 1 bouteille de 1 l

ASTUCE : Utilisez la pulpe de fraise restante comme base d'une tarte ou en l'incorporant dans une compote de pommes.

POUR 1 VERRE

Préparation : 10 MINUTES
Réfrigération : 24 HEURES
Cuisson : 10 MINUTES

Après des danses endiablées sur un air de jazz, il est plus qu'important de se réhydrater et de se rafraîchir, comme le fait Mia, grâce à cette recette de diabolo fraise !

LA RECETTE

1

La veille, équeutez les fraises et placez-les dans une grande casserole avec le sucre. Ajoutez 1 l d'eau et portez à ébullition. Laissez cuire 5 min à petits bouillons. Laissez refroidir et placez au réfrigérateur pour 24 h.

2

Le jour même, passez la préparation au chinois pour filtrer le sirop. Versez le liquide obtenu dans une petite casserole et portez de nouveau à ébullition pendant 5 min, jusqu'à ce qu'il devienne sirupeux. Versez-le dans une bouteille stérile et laissez refroidir.

3

Versez 2 c. à soupe de sirop dans un verre ainsi que la limonade. Coupez 1 tranche de citron et ajoutez-la avec quelques glaçons. Servez immédiatement. Vous pouvez conserver le sirop restant au réfrigérateur pendant 1 mois.

COCKTAILS

de Jacob

CRAZY, STUPID, LOVE

(2011)

S'il y a bien une chose que Jacob maîtrise, ce sont les cocktails. Il sait aussi reproduire le porté de *Dirty Dancing*, mais ça c'est une autre histoire...

BOURBON OLD FASHIONED

POUR 1 VERRE • *Préparation* : 5 MINUTES

INGRÉDIENTS :

- ☐ 5 cl de bourbon
- ☐ 1 morceau de sucre
- ☐ ½ c. à café d'Angostura Bitters
- ☐ 1 c. à café d'eau pétillante
- ☐ 1 zeste d'orange
- ☐ Des glaçons

MATÉRIEL :

- ☐ 1 verre haut
- ☐ 1 pilon

1. Dans un verre haut, placez le morceau de sucre et arrosez-le avec l'Angostura Bitters. Ajoutez l'eau pétillante et écrasez le sucre à l'aide d'un pilon, jusqu'à ce qu'il soit totalement dissous.
2. Ajoutez des glaçons, la moitié du bourbon et le zeste d'orange et mélangez pendant environ 20 s.
3. Complétez avec le reste du bourbon. Servez immédiatement.

COSMOPOLITAIN

POUR 1 VERRE • *Préparation* : 5 MINUTES

INGRÉDIENTS :

- ☐ 5 cl de vodka
- ☐ 3 cl de Cointreau®
- ☐ 3 cl de jus de cranberries
- ☐ 1 citron vert
- ☐ Des glaçons

MATÉRIEL :

- ☐ 1 shaker
- ☐ 1 verre à Martini

1. Prélevez 2 cl de jus du citron vert et coupez-en 1 tranche.
2. Placez tous les ingrédients dans un shaker et frappez pendant environ 20 s.
3. Versez le cocktail obtenu dans le verre avec la tranche de citron vert pour décorer. Servez immédiatement.

COCKTAILS

de Gatsby

GATSBY LE MAGNIFIQUE
(2013)

Servir ces trois cocktails à vos invités vous donnera l'impression instantanée de vivre dans un grand manoir du XIXe siècle sur Long Island !

GIN RICKEY

POUR 1 VERRE • *Préparation* : 5 MINUTES

INGRÉDIENTS :

- ☐ ½ citron vert
- ☐ 6 cl de gin
- ☐ Soda pour compléter (Schweppes®, Canada Dry®, Fever Tree® etc.)
- ☐ Des glaçons

MATÉRIEL :

- ☐ 1 verre haut

1. Coupez le citron vert en deux et prélevez 1,5 cl de son jus avec une des moitiés du citron.
2. Remplissez le verre de glaçons et versez le jus de citron et le gin. Complétez à hauteur du verre avec le soda.
3. Décorez le verre avec deux tranches du reste du citron vert. Servez immédiatement.

MINT JULEP

POUR 1 VERRE • *Préparation* : 5 MINUTES

INGRÉDIENTS :

- ☐ Une dizaine de feuilles de menthe
- ☐ 2 c. à café de sucre cassonade
- ☐ 10 cl de bourbon
- ☐ Des glaçons

MATÉRIEL :

- ☐ 1 verre haut type verre à mojito

1. Dans le verre, pilez les feuilles de menthe avec le sucre cassonade.
2. Ajoutez le bourbon, les glaçons et mélangez délicatement. Servez immédiatement.

HIGHBALL

POUR 1 VERRE • *Préparation* : 5 MINUTES

INGRÉDIENTS :

- ☐ *6 cl de whisky*
- ☐ *15 cl de ginger ale ou de soda (Schweppes®, Canada Dry®, Fever Tree® etc.)*
- ☐ *Des glaçons*

MATÉRIEL :

- ☐ *1 verre haut*

1. Remplissez un verre haut de glaçons.
2. Versez le whisky, la ginger ale ou le soda et mélangez délicatement. Servez immédiatement.

COCKTAILS
de Gatsby

FILMOGRAPHIE

(500) jours ensemble. Réalisé par Marc Webb, Fox Searchlight Pictures, 20th Century Fox, États-Unis, 2009.

Les Poupées russes. Réalisé par Cédric Klapisch, Ce Qui Me Meut Motion Pictures, TPS Cinéma, avec la participation de Studiocanal, France 2 Cinéma et Canal+, France et Royaume-Uni, 2005.

L'Arnacœur. Réalisé par Pascal Chaumeil, Quad Films, en association avec Cinémage 4, France, 2010.

Diamants sur canapé. Réalisé par Blake Edwards, Jurow-Shepherd Productions, Paramount Pictures, États-Unis, 1961.

La Proposition. Réalisé par Anne Fletcher, Touchstone Pictures, Walt Disney Studios Motion Pictures France, États-Unis, 2009.

Love Actually. Réalisé par Richard Curtis, Universal Pictures, Working Title Films, DNA Films, Studiocanal, Mars Distribution, Royaume-Uni, États-Unis, France, 2003.

30 ans sinon rien. Réalisé par Gary Winick, Revolution Studios, Thirteen Productions LLC, États-Unis, 2004.

Mange, prie, aime. Réalisé par Ryan Murphy, Columbia Pictures, Plan B Entertainment, India Take One Productions, Red Om Films, Syzygy Productions, Sony Pictures Releasing, États-Unis, 2010.

Mes meilleures amies. Réalisé par Paul Feig, Universal Pictures, Relativity Media, Apatow Productions, États-Unis, 2011.

Sexe entre amis. Réalisé par Will Gluck, Screen Gems, Castle Rock Entertainment, Zucker Productions, Olive Bridge Entertainment, Sony Pictures Releasing, États-Unis, 2011.

Ensemble, c'est tout. Réalisé par Claude Berri, Pathé Renn Productions, Hirsch Productions, TF1 Films Production, France, 2007.

Le journal de Bridget Jones. Réalisé par Sharon Maguire, Working Title Films, Little Bird, avec la participation de Miramax, de Universal Pictures et de Studiocanal, Royaume-Uni, États-Unis, France, 2001.

Bridget Jones : L'Âge de raison. Réalisé par Beeban Kidron, Working Title Films, Atlantic Television, avec la participation de Studiocanal, Universal Pictures et Miramax Films, Royaume-Uni, États-Unis, France, Allemagne, Irlande, 2004.

The Holiday. Réalisé par Nancy Meyers, Universal Pictures, Columbia Pictures, Relativity Media, Waverly Films, United International Pictures, États-Unis, 2006.

Pretty Woman. Réalisé par Garry Marshall, Silver Screen Partners IV, Touchstone Pictures, États-Unis, 1990.

Le diable s'habille en Prada. Réalisé par David Frankel, 20th Century Fox, États-Unis, 2006.

Mr. et Mrs. Smith. Réalisé par Doug Liman, New Regency Pictures, Summit Entertainment, Weed Road Pictures, Epsilon Motion Pictures, 20th Century Fox, États-Unis, 2005.

Prête-moi ta main. Réalisé par Éric Lartigau, Chez Wam, Mars Distribution, France, 2006.

L'Auberge espagnole. Réalisé par Cédric Klapisch, Bac Films, Ce Qui Me Meut Motion Pictures, France 2 Cinéma, Mate Films, Studiocanal, France, Espagne, 2002.

27 robes. Réalisé par Anne Fletcher, Fox 2000 Pictures, Spyglass Entertainment, Dune Entertainment III, LLC, 20th Century Fox, États-Unis, 2008.

Les Demoiselles de Rochefort. Réalisé par Jacques Demy, Parc Film, Madeleine Films, France, 1967.

Mary à tout prix. Réalisé par Peter et Bobby Farrelly, 20th Century Fox, États-Unis, 1998.

Vous avez un message. Réalisé par Nora Ephron, Warner Bros. Entertainment, États-Unis, 1998.

Dirty Dancing. Réalisé par Emile Ardolino, Great American Films Limited Partnership et Vestron Pictures, États-Unis, 1987.

Titanic. Réalisé par James Cameron, 20th Century Fox, Paramount Pictures, Lightstorm Entertainment, États-Unis, 1997.

Esprit de famille. Réalisé par Thomas Bezucha, The Family Stone, Fox 2000 Pictures, Michael London Productions, Pan Productions, États-Unis, 2005.

La Délicatesse. Réalisé par Stéphane et David Foenkinos, La Cie Cinématographique, Panache Productions, avec le soutien de Studiocanal, France 2 Cinéma, France, 2011.

La Boum. Réalisé par Claude Pinoteau, Gaumont, Productions Marcel Dassault, France, 1980.

Annie Hall. Réalisé par Woody Allen, United Artists, États-Unis, 1977.

Mamma Mia! Réalisé par Phyllida Lloyd, Relativity Media, Playtone, Littlestar Productions en association avec Internationale Filmproduktion Richter, Royaume-Uni, États-Unis, Allemagne, 2008.

Sex and the City, le film. Réalisé par Michael Patrick King, Darren Star Productions, avec la participation de New Line Cinema, en association avec HBO Films, États-Unis, 2008.

Jeux d'enfants. Réalisé par Yann Samuell, Nord-Ouest Films, Studiocanal, France 2 Cinéma, M6 Films, Caneo Films, France, Belgique, 2003.

N'oublie jamais. Réalisé par Nick Cassavetes, New Line Cinema, États-Unis, 2004.

Coup de foudre à Notting Hill. Réalisé par Roger Michell, PolyGram Filmed Entertainment, Working Title Films, Bookshop Productions, Notting Hill Pictures, Royaume-Uni, États-Unis, 1999.

Call me by your name. Réalisé par Luca Guadagnino, Frensy Film Company, La Cinéfacture, RT Features, Water's End Productions, États-Unis, Italie, France, Brésil, 2017.

Le Fabuleux Destin d'Amélie Poulain. Réalisé par Jean-Pierre Jeunet, Claudie Ossard Productions, UGC, en coproduction avec Victoires Productions, Tapioca Films, France 3 Cinéma, en collaboration avec Sofica Sofinergie 5, avec la participation de Canal+, France, Allemagne, 2001.

Il était temps. Réalisé par Richard Curtis, Working Title Films, Royaume-Uni, 2013.

L'Amour sans préavis. Réalisé par Marc Lawrence, Castle Rock Entertainment - Village Roadshow Pictures - NVP Entertainment - Fortis Films, États-Unis, Australie, 2002.

Quand Harry rencontre Sally. Réalisé par Rob Reiner, Castle Rock Entertainment, Nelson Entertainment, États-Unis, 1989.

Valentine's Day. Réalisé par Garry Marshall, New Line Cinema, États-Unis, 2010.

Quatre Mariages et un enterrement. Réalisé par Mike Newell, Working Title Films, Channel 4, Royaume-Uni, 1994.

Peau d'Âne. Réalisé par Jacques Demy, Parc Film, Marianne Productions (Paramount Pictures), France, 1970.

Grease. Réalisé par Randal Kleiser, Paramount Pictures, États-Unis, 1978.

Orgueil et Préjugés. Réalisé par Joe Wright, Universal Pictures, Studiocanal, Royaume-Uni, États-Unis, France, 2005.

La La Land. Réalisé par Damien Chazelle, Black Label Media, Gilbert Films, Impostor Pictures et Marc Platt Productions, États-Unis, 2016.

Crazy, Stupid, Love. Réalisé par Glenn Ficarra et John Requa, Carousel Productions, États-Unis, 2011.

Gatsby le Magnifique. Réalisé par Baz Luhrmann, Bazmark Films et Red Wagon Productions, Australie, États-Unis, 2013.

404 ÉDITIONS

www.lisez.com
Un département d'Édi8
92 avenue de France, 75013 Paris

Création des recettes : Alice Delbarre
Stylisme et photographie : Juliette Turrini
Maquette : Studio Twist

Crédits photo :
Alamy_2D6TWA6 ; Alamy_2JD8Y8J ; Alamy_2JD8Y27 ; Alamy_2JDPRWK ;
Alamy_Bridget Jones_Soupe bleue ; Alamy_DXK1RB ; Alamy_GEGNKN ; Alamy_2GA1PPM ;
Alamy_2JDPH7M ; Alamy_2K8PWR0 ; Alamy_E88GHR AdobeStock_363116733 ; Alamy_2GGW9AT ;
Shutterstock_80562217 ; Shutterstock_223048447 ; Shutterstock_708912256.eps ;
Shutterstock_1889676541.eps

ISBN : 979-1-0324-0703-5
Dépôt légal : janvier 2023
Achevé d'imprimer en décembre 2023
Imprimé en Espagne

Un livre non officiel.